本书受湖北师范大学资助出版

中国高铁
出口专利风险研究

冯 灵 ◎ 著

中国社会科学出版社

图书在版编目（CIP）数据

中国高铁出口专利风险研究/冯灵著．—北京：中国社会科学出版社，2019.3

ISBN 978-7-5203-4221-6

Ⅰ.①中⋯　Ⅱ.①冯⋯　Ⅲ.①高速铁路—对外投资—专利技术—风险管理—研究—中国　Ⅳ.①F532

中国版本图书馆 CIP 数据核字（2019）第 053406 号

出 版 人	赵剑英
责任编辑	王　曦
责任校对	王洪强
责任印制	戴　宽

出　　版	中国社会科学出版社
社　　址	北京鼓楼西大街甲 158 号
邮　　编	100720
网　　址	http://www.csspw.cn
发 行 部	010-84083685
门 市 部	010-84029450
经　　销	新华书店及其他书店
印刷装订	北京君升印刷有限公司
版　　次	2019 年 3 月第 1 版
印　　次	2019 年 3 月第 1 次印刷
开　　本	710×1000　1/16
印　　张	10
插　　页	2
字　　数	130 千字
定　　价	39.00 元

凡购买中国社会科学出版社图书，如有质量问题请与本社营销中心联系调换

电话：010-84083683

版权所有　侵权必究

摘　　要

　　发展中国家通过技术追赶推动产业结构升级，提高自主创新能力，是实现对发达国家经济赶超的重要推动力。对于发展中国家的技术发展而言，从引进、模仿到再创新是一个艰难的过程。中国高铁经历了引进、消化、吸收、再创新的发展过程，在集成和利用外部技术及知识基础上的自主创新，是中国高铁得以迅猛发展的重要因素。中国高铁在一定程度上基于技术引进和集成而非原始创新的发展背景，使得中国高铁的出口面临专利方面的风险和隐忧。本书基于技术创新理论、风险理论、"反公地悲剧"理论和专利信息分析理论及方法，结合定性和定量研究，对中国高铁企业在高速列车出口中，可能面临的专利风险的来源及其影响进行分析，进而针对风险来源提出风险应对措施。本书将高铁技术本身的复杂性引起的专利分散和丛林现象，以及中国高铁技术创新的集成性特征等，视为高铁出口专利风险的主要来源。

　　结合"反公地悲剧"理论和集成创新理论，本书分析高铁领域专利分散现象和中国高铁技术集成可能造成的出口专利风险影响。在理论分析的基础上，以高铁制动技术为例，对中国国内以及全球高铁专利分散的状况进行了实证测量。研究发现，无论在国内还是全球范围内，高铁技术的专利分布都呈现分散趋势，过度的专利分散会使打算进入市场的企业面临两个风险，即高昂的专利许可费用以及潜在的专利侵权纠纷。从国内集成和国外集成两个层面，对中国高铁技术创新过程进行了回顾，并对创新模式进行总结分析。基于全球高铁专利数据，结合专利技术关联分析、专利引证分析以及专利组合分析方法，从中国高铁技术依赖性、竞争环境劣势及专利质量劣势三个维度，对基于集成创新的中国高铁技术出口专利风险加以讨论和预测。实证分析发现，高铁涵盖庞大的交叉技术构成，各技术之间的互补性较强，后发技术劣势使得中国高铁对先进国家的在先技术有较强的依赖性；从竞争环境的角度分析发现，相对先进国家的高铁企业，中国高铁技术的海外专利申请率较低，海外专利布局比较欠缺；从专利技术创新主体技术地位分析发现，中国高铁企业相较外国主要竞争对手的专利技术处于弱势地位。在中国高铁走出国门之际，上述三个劣势使中国企业在海外进行专利布局的难度增强，同时潜在专利侵权的风险增加。

在专利风险来源及风险内容分析的基础上，本书利用SWOT模型对中国高铁出口的优势（S）、劣势（W）、机会（O）、威胁（T）进行了分析，以此为依据，提出中国高铁出口应采取的专利战略。

最后，基于实证研究结果所确定的专利风险来源及其影响，提出了中国高铁出口专利风险的对策。具体对策包括：政府提供资金和政策支持，企业积极利用外部资源提升创新能力；关注企业核心技术的研发，侧重防御型专利战略的运用；专利集中战略的利用可以降低专利技术分散带来的出口专利风险；建立高铁出口专利风险预警机制，尽可能提前防范和避免专利风险的发生。

Abstract

Developing countries promote their industrial updating and enhance the independent innovation capability through technology catch – up, which is an important impetus for developing countries to catch up with developed countries on economy. From introduction, imitation to re – innovation is a difficult process for developing countries. The catch – up path of Chinese high – speed rail is considered as introduction – digestion – absorption – innovation, integration and the use of external technology and knowledge is an important factor in the rapid development of Chinese high – speed rail. The technology introduction and integration make the export of Chinese high – speed rail face risk and worries about the patent. Based on technology innovation theory, risk theory, "anti – commons tragedy" theory and the patent information analysis theory, combining qualitative and quantitative research, this paper analyzes the patent risk sources and their influences that Chinese high – speed rail companies may face in exporting high – speed trains, then put forward countermeasures against risk. In this paper, the complexity of high – speed rail technology and the phenomenon of "patent jungle" are taken as two main sources of export patent risk of high – speed rail.

Combining the theory of "anti – commons tragedy" and integrated innovation, this paper analyzes patent fragmentation phenomenon in the field of high – speed rail and the export patent risks caused by the technology integration of Chinese high – speed rail. Domestic and global patent distribution trend of high – speed rail are empirical measured on the basis of theoretical analysis. The study found that both within the scope of domestic and global patent distribution of high – speed rail technology experienced a fragmentation tendency, and the excessive patent fragmentation will make the enterprise faces risks of high licensing fees and potential patent infringement disputes when it plans to enter the foreign market. From two aspects of domestic and international integration, this paper reviews the process of Chinese high – speed rail technology innovation and summarizes the innovation model of Chinese high – speed rail. Based on the patent data of global high – speed rail, combined with the patent correlation analysis, patent citation analysis and patent portfolio analysis method, from three dimensions of Chinese high – speed rail technology dependence, competitive environment disadvantage and the patent quality disadvantage, the export patent risks of Chinese high – speed rail technology caused by the integrated innovation in China are discussed and predicted. Empirical analysis found that the high – speed rail covers a large number of cross technologies and there is strong complementarity between each technology, technical backwardness disadvantage make Chinese high – speed rail highly rely on the prior art of advanced countries; from the perspective of the competitive environment analysis, the study found that compared with high – speed rail enterprises of advanced countries, the overseas patent application rate of Chinese high – speed rail technology is low and foreign patent layout is relatively weak; the patent status of high – speed rail technology innovators analysis found that in the whole patent network Chinese high – speed rail companies stay on relatively weak positions. The above three disadvantages will increase the difficulty of overseas patent layout and the risk of potential patent infringement of the Chinese enterprises.

Finally, countermeasures of export patent risk of Chinese high – speed rail are proposed based on sources and influences of export patent risk. Specific measures include: government provides funding and policy support, and enterprises to actively use external resources to enhance innovation capacity; paying attention to research and development of core technology, and focusing on defensive patent strategies use; the use of patent concentration strategy to reduce the export patent risk of export brought by the patent fragmentation; the establishment of early warning mechanism export patent risk of high – speed rail to prevent and avoid patent risk in advance as far as possible.

目 录

第一章 绪论 ·· 1
  第一节 研究背景 ······································ 1
  第二节 研究目的与意义 ································ 2
  第三节 主要研究内容和创新点 ·························· 4
  第四节 研究方法与结构 ································ 5

第二章 文献综述与研究评述 ······························ 8
  第一节 核心概念的界定 ································ 8
  第二节 技术创新与专利理论 ···························· 9
  第三节 专利与技术创新风险相关研究 ··················· 19
  第四节 出口贸易与专利制度 ··························· 22
  第五节 研究述评 ····································· 25

第三章 集成创新和专利分散对中国高铁出口影响的理论研究 ··· 27
  第一节 中国高铁技术创新模式分析 ····················· 27
  第二节 中国高铁出口专利风险成因 ····················· 37
  第三节 集成创新与出口专利风险 ······················· 40
  第四节 专利分散与出口专利风险 ······················· 43
  第五节 本章小结 ····································· 52

第四章　集成创新下中国高铁出口的专利风险实证分析 …………… 54
第一节　集成创新下的专利信息分析方法 ……………………… 54
第二节　技术集成中的中国高铁出口专利风险因素 …………… 65
第三节　中国高铁技术集成对高铁出口专利风险的影响 ……… 80
第四节　本章小结 ………………………………………………… 84

第五章　专利技术分散情境下中国高铁出口专利风险实证分析 … 86
第一节　中国高铁制动技术专利分散实证研究 ………………… 87
第二节　全球高铁制动技术专利分散实证研究 ………………… 95
第三节　专利分散对高铁出口的专利风险影响 ………………… 102
第四节　本章小结 ………………………………………………… 108

第六章　基于 SWOT 模型的中国高铁出口企业专利战略适用 … 110
第一节　SWOT 模型及其在中国高铁出口
　　　　　专利战略制定中的运用 ………………………………… 110
第二节　中国高铁出口的 SWOT 分析 ………………………… 112
第三节　SWOT 矩阵的建立及专利战略分析 ………………… 116
第四节　本章小结 ………………………………………………… 117

第七章　应对中国高铁出口专利风险的策略 …………………………… 119
第一节　出口专利风险对中国高铁企业的影响 ………………… 120
第二节　针对中国高铁出口专利风险的建议 …………………… 122
第三节　本章小结 ………………………………………………… 127

第八章　结论与展望 …………………………………………………… 128

参考文献 ………………………………………………………………… 131

第一章 绪论

第一节 研究背景

2010年10月,国务院颁发《关于加快培育和发展战略性新兴产业的决定》,提出大力发展轨道交通设备。在《铁路"十二五"节能规划》《国家铁路"十二五"发展规划》《轨道交通装备产业"十二五"发展规划》等政策的指引和政府的支持下,中国高铁技术创新取得了显著的成果。铁路作为一种运输方式以及国家基础设施行业,具有垄断的性质和特点。中国人口众多,交通运输工具的改进和创新关系到庞大人群的利益。近几年,中国高铁技术不但在国内市场迅速扩散,同时也引起了国外的关注。中国在2009年正式提出高铁"走出去"战略。当年中国已确定周边三条高铁规划战略——中亚高铁、欧亚高铁和泛亚高铁。李克强总理在2013年、2014年出访期间,分别向泰国、罗马尼亚、英国、美国、德国、俄罗斯和意大利等国推销中国高铁。高铁技术的创新和扩散,将产生巨大的经济效应。

中国高铁走向世界,是"总理工程",更是国家战略。高铁作为我国创新型国家建设的重大突破和自主创新的标志性成果，虽然较日本、德国等发达国家起步晚，但取得的成果是世界瞩目的。高铁是一个复杂的技术构成，从机车制造到整车组装，再到运行服务，形成了一个较长的产业链，具有较强的经济辐射带动作用。高铁发展的辐射效应除了产业间的带动作用，还有区域间的带动作用（韩宝明、李学伟，2008）。中国高铁的快速发展，引起了发达国家对我国高铁知识产权的质疑。在中国高铁向世界迈出脚步之际，对其中的知识产权问题，尤其是专利问题的分析，有助于风险的规避和防范。我国高铁的技术创新是在前期自主研究基础上，引进并吸收国外技术，最终完成技术的跨越式发展。在引进—消化—吸收—再创新的技术追赶过程中，中国高铁的技术创新表现出了自主创新和破坏性创新的特质，同时中国政府在高铁创新中的引导和促进作用是不容忽视的。高铁技术本身的复杂性以及技术引进背景是中国高铁出口遭遇专利风险的主要原因。

技术创新发展与专利制度之间有着密不可分的联系。尽管近年来就专利制度是促进还是阻碍技术创新这一问题，争论越来越激烈，但是它的存在对于技术创新的影响是不容忽视的。在牵涉国家和企业层面的高铁国际贸易中，专利这一因素显得更为重要和复杂。本书基于技术创新理论、风险理论、国际贸易理论和专利信息分析理论，结合定性和定量研究，对中国高铁整车企业在高速列车出口中将面临的专利风险来源进行分析。

第二节　研究目的与意义

一　研究目的

当前环境对低碳经济的迫切需求，为具有节能优势的高铁技术的快速发展提供了良好的机遇。2004—2006年，在铁道部的主导下，中国北车集团长春轨道客车股份有限公司、中国北车集团唐山轨道客车有限责任公司、南车青岛四方机车车辆股份有限公司先后从加拿大庞巴迪、日本川崎重工、法国阿尔斯通和德国西门子引进技术，联合设计生产高速动车组。2010年6月，国产化率达70%的"和谐号380A"在中国南车四方机车车辆股份有限公司下线，同年10月、12月正式在沪杭和武广客运专线投入运营。"和谐号"的诞生，意味着我国高铁技术引进、消化、吸收、再创新策略的成功。随着国产化率的不断提升，中国高速列车的造价不断降低，形成了其出口贸易的价格优势。在最初的技术转移阶段，我国作为技术受让国，知识产权已经是谈判中的重要问题。在消化吸收外国先进技术并通过自主创新产生的产品，其出口过程中知识产权问题会更复杂，尤其是专利风险。分析和预测出口贸易中的专利风险，可以为中国高铁的顺利出口以及企业的自主创新提供参考。

二 研究意义

现有专利风险研究，极少学者仅从专利的角度进行分析，多数学者将专利与其他知识产权一起进行概括性的研究。少数专利风险研究中，仅涉及企业之间的互动，对专利风险的界定多基于企业内部层面，从专利法和相关制度的角度进行。国家政府介入的国际技术转移中，专利风险受到更多因素的影响，除了企业自身的资源、技术、市场、管理等内部因素，还包括政治法律制度、宏观经济环境、国家之间以及合作方国家和企业之间的博弈情况。本书希望从技术和企业两个层面出发，对中国高铁出口的专利风险来源进行分析，通过对专利理论、创新理论、风险理论和国际合作理论等的综合研究，为专利管理、专利战略等研究引入新的内容，丰富现有理论研究。

专利风险因素的存在会对出口贸易的成果造成较大影响，尤其是处于技术后发劣势地位的中国企业。本书希望通过中国高铁的创新路径和特征的分析，结合专利信息分析，了解中国高铁创新模式导致的高铁出口专利风险。国内外高铁技术行业专利态势的实证分析，为中国企业了解全球及国内高铁专利分布态势以及竞争对手的海内外专利布局提供参考。比较国内外企业的优势及劣势技术领域，探讨中国企业在海外市场的专利弱势地位作为中国高铁出口贸易中的专利风险来源之一，对中国高铁企业具有重要影响。专利风险来源的分析，可以为中国高铁企业在出口贸易中避免专利风险、获得更大经济利益提供参考意见。

第三节　主要研究内容和创新点

一　主要研究内容

1. 了解中国高铁出口专利风险如何界定。对高铁技术的特征和中国高铁技术创新模式进行分析，以此为基础提出中国高铁出口的专利风险来源是什么，专利分布态势和技术创新模式导致的技术劣势地位应该如何测量和分析。

2. 对高铁行业专利信息进行多角度分析，了解中国高铁企业及合作者或竞争对手处于什么样的技术地位，中国高铁企业在国际市场的专利地位是否较为弱势，这样的弱势地位会产生什么样的出口专利风险。

3. 以高铁制动技术为例，深入进行专利分布趋势的实证分析，验证高铁行业是否存在专利分散现象。基于专利实证分析的结果，提炼该结果下中国高铁出口的专利风险有哪些。

二 创新之处

1. 首次将技术集成和专利分散提炼作为中国高铁出口专利风险的来源。

2. 通过实证研究对高铁行业的专利分散现象进行测量，并基于测量结果分析专利分散导致的中国高铁出口可能面临的专利"敲竹杠"和专利侵权不确定性风险。

3. 利用多种专利信息分析方法，分析出中国高铁企业在国际市场的专利弱势地位主要表现在海外竞争环境恶劣、对发达国家技术依赖性较强以及对竞争对手专利制约能力较弱三个方面。

4. 对中国高铁的创新模式进行分析，总结出中国高铁技术创新符合集成创新的特征。

第四节 研究方法与结构

一 研究方法

高铁出口贸易中的专利风险问题涉及管理学、法学、国际贸易等相关领域等内容，因而在研究过程中，除了运用这些学科的一般方法外，主要还会运用到以下几种方法。

规范分析法：规范分析与价值相关，偏重于价值判断和逻辑推理，更多地使用定性分析和演绎的方法，它所关注的是"应当是什么"或"应该怎样"的问题。规范分析是本书采用的重要方法之一。高铁出口专利风险研究的开展是伴随着创新的发展及其与专利制度的关系而进行的。本书通过高铁技术创新前景以及出口贸易趋势的分析，结合国内外经济、法律、政治等环境背景，归纳和提炼该行业产品出口中的专利风险来源。

实证分析法：本书首先以专利情报分析方法为手段，利用专利检索所得的数据，对专利申请的总体趋势、技术生命周期、核心技术体现等方面进行分析，实现对高铁技术领域专利态势的初步了解。再综合运用专利组合、技术关联性、专利引证方法进行实证分析，深入了解中国高铁企业的劣势专利地位。此外，利用专利分散测量方法对高铁领域的专利分布趋势进行实证分析。基于这些分析，从技术的角度提炼出中国高铁出口中专利风险的来源。

案例分析法：案例分析法是研究者如实、准确记录某一事件发生、发展、变化过程并进行分析、研究的一种方法。本书将以高铁制动技术为例进行专利技术分散分析，旨在更客观、现实地揭示出口过程中可能存在的专利风险来源。

文献分析法：文献分析是根据一定的研究目的，通过查阅文献来获取资料，从而全面、正确地了解所要研究问题的一种方法，文献研究法被广泛运用于各种学科领域。本书通过收集技术创新及其与专利制度的关系、高铁技术发展现状及前景相关的资料，分析其中可能存在的专利风险来源，进而提出相应的应对策略。

二　结构

本书的结构安排如下：第一章描述了本书的研究背景、目的和意义，并对文章的主要内容和创新点进行了总结和提炼。第二章对相关研究进行了综述，并对本研究的理论基础进行了回顾。第三章基于中国高铁的集成创新特征和路径的分析，主要阐述了技术集成特性和专利技术分散导致的中国高铁出口专利风险的发生。第四章从专利信息分析的视角出发，对中国高铁技术在国际市场的专利弱势地位进行分析，并基于此对中国高铁出口可能面临的专利风险进行初步预测。第五章以高铁九大关键技术之一的高铁制动技术为例,从全球和中国国内两个地域范围对高铁专利分布态势进行了测量和分析,并对专利分散可能引起的高铁出口专利风险进行了简单分析。第六章根据前文的实证分析结果,基于SWOT模型,分析了中国高铁出口过程中适用的专利战略。第七章分析了出口专利风险对中国高铁企业创新和专利战略的影响,针对中国高铁出口专利风险来源及其带来的创新和专利战略两个方面的影响,从四个角度提出专利风险应对策略。第八章对本书的研究进行了总结和展望。

本书的研究思路与框架结构如图1-1所示。

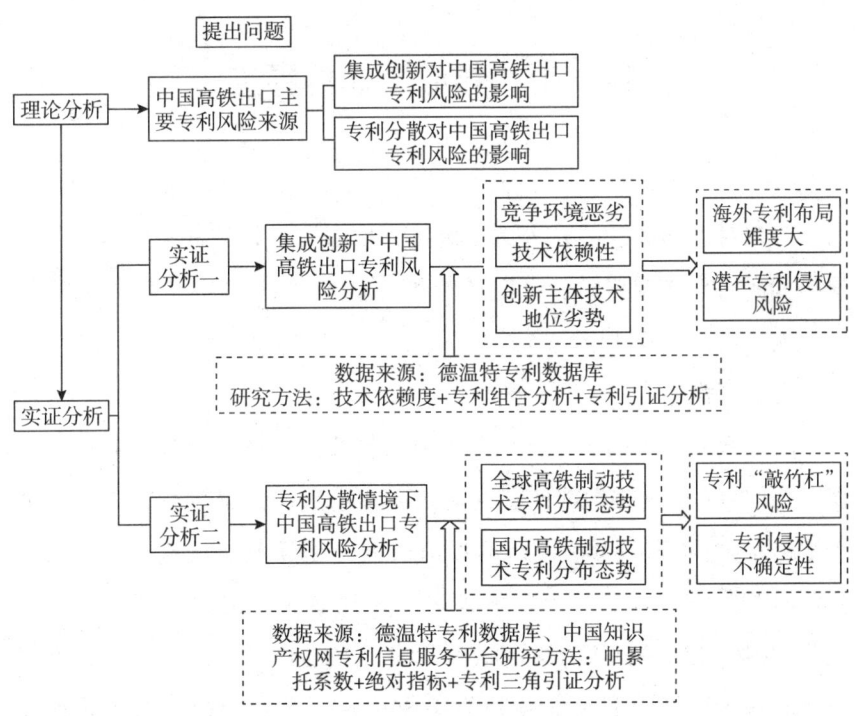

图1-1 本书研究思路与框架结构

第二章 文献综述与研究评述

第一节 核心概念的界定

首先对本书关涉的几个重要但又容易引发争议的概念的含义进行探讨和界定。主要包括：高铁和专利风险。

一 高铁

高速铁路在不同国家不同时代有不同规定。欧洲早期组织即国际铁路联盟（UIC）把旧线改造时速达 200 千米、新建时速达 250—300 千米的定为高铁；1985 年日内瓦协议做出新规定：新建客货共线型高铁时速为 250 千米以上，新建客运专线型高铁时速为 350 千米以上[1]。国际铁路联盟认为高速铁路的定义相当广泛，包含高速铁路领域下的众多系统。高速铁路是指组成这一"系统"的所有元素的组

---

[1] 参见 http：//baike.baidu.com/link?url=x2dS0sZ9cV1k4R5V4OBB9A7OU7vei1h_Ym-HrcrNnF6knJhHPqsqbmPjEo-R5y8uEXYdx2Zo5KneW6IgDbguyA6h-jn6iElYSo8 MgWzecFneHX-Pcn7DxUHtN7Uacf2DGjkbNze5fV5yJa_68_6UmYOa。

合，包括：基础设施（新线设计速度250千米/小时以上，提速线路速度200—220千米/小时）、高速动车组和运营条件（UIC，2008）。中国国家铁路局对高速铁路的定义为：新建设计开行250千米/小时（含预留）及以上动车组列车，初期运营速度不小于200千米/小时的客运专线铁路。

本书中的高铁是高速铁路的简称，不仅指铁路轨道等基础设施，而且包含基础设施、高速动车组和运营条件整个系统组合。

二 专利风险

对于专利风险的界定，有学者从内生风险的角度，将其定义为专利权的取得、实施以及效益的不确定性给专利权人带来的获得利益或引起损失的不确定性（金咏锋、余翔，2008）。有学者从企业专利运作的角度将其定义为导致企业专利竞争优势丧失和企业专利战略目标无法完成，进而引起企业损失的因素（吴玲，2006）。

本书根据高铁的技术特点和中国高铁产业的出口规划和技术发展现状，将中国高铁出口的专利风险界定为：中国高铁技术在出口过程中，由于专利技术的分散以及后发技术劣势地位引起的中国高铁专利质量和布局薄弱的问题，导致中国高铁企业在海外获取专利授权、实施专利技术存在不确定性，甚至有陷入专利侵权纠纷和诉讼的可能性。

第二节 技术创新与专利理论

技术创新成果的保护需要通过专利制度得以实现。因此，专利制度如何在技术创新成果保护上发挥作用，以及发挥了怎样的作用，引起了学者的广泛关注。近年来，OECD在国家创新系统的研究中不断取得新进展，发表了一系列研究报告，认为专利制度在激励创新、促进科学技术扩散、增加市场入口和公司产出方面扮演着一个日益复杂的角色。

一 技术创新的概念与模式

约瑟夫·熊彼特是率先赋予"创新"概念以经济学内涵的学者，他认为，创新在经济和社会变迁中起着重要作用，经济发展是一个质变的过程，经济发展在其某个历史时期会被创新推动而产生质变。在1912年出版的《经济发展理论》中，他将创新定义为现有资源的"重新组合"，这种新组合包括新产品、新的生产方法（工艺）、新的供应源、开辟新市场、新的企业组织方式。

国外众多学者从不同的维度和角度对创新模式进行了不同的分类，新的创新模式不断地被提出（见表2-1）。从创新对象的角度，Knight将创新划分为产品创新、生产过程创新、组织结构创新（Knight, K., 1967）；而在Daft看来，创新可以被分为管理创新、技术创新，前者关系到组织构成和人员，后者与产品、服务以及生产过程相关（Daft, R. L., 1978）。苏塞克斯大学科学政策研究所（Science Policy Research Unit，SPRU）的Freeman从创新程度角度，将创新划分为渐进性创新、突破性创新（radical innovation）、技术系统的变革、技术经济范式的变更（Freeman, C., 1992）；基于同样的视角，Christensen提出了破坏性创新理论，他认为创新应该划分为维持性创新和破坏性创新（Christensen, 1997）。从创新活动的角度，March将创新划分为探索性创新（Explorative innovation）和应用性创新（Exploitative innovation）（March, J. G., 1991）。1998年，哈佛大学教授Marco Iansiti提出了"技术集成"（Technology Integration）的理念，而这也被大多数学者认定为集成创新概念的首次提出。集成创新认为整体的功能大于个体和部分，强调各要素之间的关联性和整体性。Chesbrough于2003年首次提出了开放式创新和封闭式创新的概念，指出在这种创新范式下，企业能够并且应该利用外部和内部的创意和商业化途径实现技术进步。2006年美国麻省理工学院斯隆中心的研究员 Peter Gloor 提出了协同创新和独立创新的概念，他将协同创新定义为"由自我激励的人员所组成的网络小组形成集体愿景，借助网络交流思路、信息及工作状况，合作实现共同的目标"。Dolfsma 和 Seo 基于二维的角度，以技术特性和市场网络效应为标准，将创新分为四个类型，包括浪漫主义、站在巨人的肩膀上、熊彼特Ⅰ和熊彼特Ⅱ。浪漫主义属于单一技术且市场网络效应低的类别，站在巨人的肩膀上被划入积累性技术而市场网络效应低的范围，熊彼特Ⅰ属于单一技术但市场网络效应高的类别，熊彼特Ⅱ是积累性技术且市场网络效应高的类别（Dolfsma and Seo，2013）。

表 2-1　　　　　　　　　　创新模式的已有研究

分类标准		创新类型	作者
单一标准	创新对象	产品创新、生产过程创新、组织结构创新	Knight（1967）
		管理创新、技术创新	Daft（1978）
	创新程度	渐进性创新、突破性创新、技术系统的变革、技术经济范式的变更	Freeman（1992）
		维持性创新、破坏性创新	Christensen（1997）
	创新活动	探索性创新、应用性创新	March（1991）
		集成创新	Marco Iansiti（1998）
		开放式创新、封闭式创新	Chesbrough（2003）
		协同创新、独立创新	Peter Gloor（2006）
		自主创新	陈劲（1994）
二维标准	技术特性/市场网络效应	浪漫主义、站在巨人的肩膀上、熊彼特Ⅰ、熊彼特Ⅱ	Dolfsma 和 Seo（2013）

资料来源：笔者在所读文献的基础上整理所得。

中国学者陈劲于1994年提出自主创新的概念,从学习模式的角度,它将自主创新定义为:通过引进和吸收国外的技术,从研究开发中学习并实现较多的再创新。自主创新包括三层含义,即原始创新、集成创新和引进技术的消化吸收再创新(吴绍芬,2005)。集成创新和引进消化吸收再创新模式将自主创新纳入了开放式创新系统的范畴。

开放式创新模式被越来越多的企业认可和接受。在开放式的创新理念下,研究成果能够穿越企业的边界进行扩散,企业的边界被打破,内部的技术扩散到其他企业发挥作用,外部的技术同样被企业接收、采用(金泳锋、余翔,2009)。在政府主导或企业自发形成的国际技术转移和国际贸易背景下,知识和技术等资源的流动更加顺畅,开放式创新理念得到更好的践行。

二 专利制度对技术创新的影响

专利制度的设立旨在保护和促进技术创新,其对创新的积极影响得到了许多学者的肯定。专利制度通过为创新主体带来一定期限的垄断权,使其获得相应的经济回报,成为创新的一种激励机制(Merges, R. PP., Menell, PP. S., Etc, 1997)。部分学者探讨了知识产权制度对发展中国家自主创新的影响,但其结论差异很大。Chen Yongmin 等采用了64个发展中国家的数据进行实证分析,结论认为知识产权保护会增进发展中国家的创新(Chen Yongmin, Puttitanun, Thitima, 2005)。Lai 发现强化知识产权保护的效果严格依赖于北方国家向南方国家生产转移的途径,更强的知识产权保护可以看作南方国家对北方国家直接投资的鼓励(Edwin L-C Lai, 1998)。Sanjayaa 认为不同发展水平的国家,当均实行严格的知识产权保护时,其经济成本和收益差别很大(Lall. Sanjayaa, 2003)。OECD(2004)在题为"专利与创新"的研究报告认为,对于具有较强自主创新能力的发展中国家,需要建立足够强大的专利体系以吸引国外直接投资,确保对国内的技术许可并激励本国的研发投入，但这些国家也需要保持获取和消化既有国外技术的能力，正如发达国家曾经经历过的一样。

国内学者关于知识产权制度对技术创新关系积极效应的研究主要有：有学者分析了技术创新与知识产权之间的互动关系。除了强调知识产权制度对技术创新的激励和保护作用之外，还指出知识产权制度如专利文献对技术创新的催化作用以及对技术创新产业化的加速作用（冯晓青，1999；袁晓东、戚昌文，2002；袁祥珠，2003）。还有学者分析了影响我国企业自主创新的外部环境和内部条件，认为完备的知识产权保护制度是促进我国企业自主创新的重要外部条件（王一鸣、王君，2005）。邹薇从一个关于最优专利期限的经典模型入手，揭示 R&D 活动与专利制度之间的关系（邹薇，2002）。顾晓燕从文献研究的视角论述了知识产权保护与发展中国家创新驱动之间的关系（顾晓燕，2014）。周寄中等认为自主创新与知识产权之间存在联动关系，即相互对对方系统的持续变革产生联系和互动（周寄中、张黎、汤超颖，2005）。

近年来，专利制度对创新的促进作用不断受到质疑，学者们主要从以下几个方面分析了专利制度对创新的消极影响。

1. 专利制度本身的缺陷是其对技术创新消极影响的原因之一

知识的公共产品特性导致创新过程中私人利益与公共利益不平衡，虽然知识产权制度可以弥补这一缺陷，但是无法弥补其环境外部性（Hall and Helmers，2011）。交易成本的增加致使利益空间缩小，容易导致创新者创新积极性的下降（朱雪忠等，2007）。专利权从申请到维持和诉讼都需大量的费用。高额的交易成本是现代专利制度可能会在一定程度上限制技术创新的一个重要原因。

2. 复杂技术领域中专利数量的激增以及专利所有权的分散所引起的"反公地悲剧"降低了技术创新的效率

在技术日趋复杂的背景下，专利之间的关系可以分为牵制和互补两种。牵制关系多发生在累积性创新条件下，即现有创新多是对已有技术创新的改进工作，这种累积性创新所产出的专利的实施通常会侵害在先的基础性专利，换言之，在先的基础性专利会牵制新专利的实施和利用；互补关系是指两项专利相辅相成，一起实施可以使技术产业化获取更大利益（Clarkson G., 2004）。互为牵制关系的专利，被牵制的专利只有在获得对方许可的情况下才能予以实施。专利许可谈判或潜在侵权风险都会降低企业进行技术创新的效率。

"专利丛林"概念不是专利法所独有的，它是基于 Michael Heller 的不动产反公地理论，当单一地块上的所有权权益过度分散时，反公地问题就会出现（Michael Heller, 1998）。根据经济学理论，这种过于分散的所有权权益问题很简单：它增加了交易成本、加剧了"敲竹杠"问题以及促使高昂诉讼费用的产生，从而阻碍受影响产权的商业发展。此外，"专利丛林"会阻碍对后续发明的新研究（Michael Heller and Rebecca Eisenberg, 1998），阻碍"有用技术的进步"。存在"专利丛林"的行业，例如，半导体行业，企业进入一个产品市场，单是专利许可费就需要支付1亿—2亿美元。专利权在这种情况下，没有促进发明创新，却成为对抗竞争者威胁的工具，甚至威胁、阻碍创新（Hall and Ziedonis, 2007）。

3. "专利钓饵"的出现使企业面临"敲竹杠"的风险，有碍其创新进展

Intel 公司前助理法务总监用"Patent Troll"指那些以专利侵权名义起诉 Intel 公司，并试图获取损害赔偿金的非运营实体（Brenda Sandburg, 2001）。国内学者将"Patent Troll"翻译为"专利流氓""专利钓饵""专利恶魔"等，本书取"专利钓饵"指代"Patent Troll"。"专利钓饵"是指那些拥有一项或多项专利的个人或企业，其本身并不生产、销售专利产品或提供专利服务，也没有生产或销售的意向，而是通过诉讼或者以诉讼相威胁来获取高额赔偿或专利许可费（曹勇、黄颖，2011）。有学者对"专利钓饵"的特点进行了如下四

个方面的归纳：一是通常从破产公司购买专利，然后对另一家公司以"其产品侵犯了他们所购买的这件专利的专利权"为由进行起诉；二是自己没有实施所持有专利或提供专利产品的意图；三是自己没有制造或研发该项专利的记录；四是以"大肥羊公司"为起诉对象（袁晓东、孟奇勋，2011）。一些持有专利但不进行产品生产的企业，经常在其他企业专利产品投放市场之后提出专利诉讼，以获得专利许可费或专利侵权赔偿金（Markus Reizig, et al., 2007）。在利益的驱使下，一些专门从事专利经营的企业以提起专利侵权诉讼获取利益为目的在专利交易市场上收购专利。频繁且高额的专利侵权诉讼，极大阻碍了专利技术的流动和扩散，其他生产性企业的创新活动也面临极大的诉讼威胁（袁晓东、孟奇勋，2011）。有研究表明，"专利钓饵"已经广泛发生于某些技术领域，如混合汽车、发光二极管等（Lane E., 2010）。也有学者指出，环境创新中最有可能产生"专利钓饵"问题（Behles D., 2009）。美国铁路行业在19世纪末就因专利权人增加而出现"专利钓饵"的现象。Sayles的双动制动器案件中，Sayles的律师要求Drummond公司支付每年每列车455美元的专利费，总金额达4500万美元[①]。这个金额仅是一个专利权人就一项专利提出的要求，当时这样的专利权人并不少。这个问题的加剧显然会大幅增加美国铁路公司的制造成本，影响其对创新的投入，从而阻碍整个行业的发展。

对现有研究的探索表明，学者多认为专利制度对于引导和促进技术创新并没有发挥其应有的作用，甚至交易成本的增加阻碍了技术的

[①] Sayles v. Chicago and NW Ry Co., 21 F. Cas. 600 (1871). The case first came before the federal district court in 1865 and reached the Supreme Court in 1878. Sayles v. Chicago and NW Ry Co., 21F. Cas. 597 (1865); Railway Company v. Sayles, 99 U. S. 554, 556–557 (1878). See also Arguments, 229; and John J. Harrower, History of the Eastern Railroad Association (1905), 23, 29.

创新、推广和扩散利用，如何规避制度本身带来的专利风险，是一个有待研究的问题。

三 专利信息分析理论

专利是技术进步和创新活动的有效知识来源（Park et al.，2005），因此它们在研发规划中经常被仔细观察，从宏观层面的战略分析到微观层面的具体新兴技术的建模（Abraham and Morita, 2001; Liu and Shyu, 1997; Peiming Wang et al., 1998; Chihiro Watanabe et al., 2001）。对专利文件中技术信息的详细分析可以得出专利地图这样一个可视化表达，使复杂的专利信息更容易和有效地被理解（WIPO, 2003），同时突出了不同的技术要素知识、竞争地位（Abraham and Morita, 2001; Liu and Shyu, 1997）和侵权风险（Tugrul U. Daim et al., 2006）等内容。此外，如果仔细深入分析，专利可以显示技术细节和关系、揭示企业的发展趋势、激发新的工业解决方案以及帮助决定投资政策（Richard S. Campbell, 1983）。它们也可以成为新产品和技术信息的重要来源。

有学者运用专利信息分析以及专利地图对技术创新的风险因素加以识别，以此达到对技术创新风险予以预测的效果（金咏锋、唐春，2009）。部分学者对国内外专利分析工具进行了详细的介绍和比较（刘玉琴、彭茂祥，2012；王敏、李海存、许培扬，2009）。还有学者对国内外专利检索网站进行了专门的研究，列举了智慧芽、佰腾网、Ipexl、Pri-orsmart、SIPO、CNIPR、Soopat、Patentics和DII这九个网站的基本情况，对它们的检索功能、检索结果和分析功能进行了深入比较研究（罗立国等，2012）。大量研究表明，基于专利数据挖掘的专利信息分析，可以为政府机构决策、技术研究开发、企业战略实施等方面提供重要的决策信息。对专利信息的研究多从专利信息分析方法和结果的利用方面进行。

学者们从不同的角度对专利分析方法进行了不同的分类。基于数据统计和分析方法的不同，有学者将专利分析方法分为定量和定性两种，定量分析是对专利文献中所固有的标引项目进行统计分析；定性分析是按专利文献的技术内容或技术特征进行归纳分析（彭爱东，2000）。还有学者在定量和定性专利分析方法间进行了更细致的划分，提出了拟定量分析法，即专利定量与定性相结合的分析方法，进而形成了定量、拟定量和定性三种专利分析方法。专利引文分析与专利数据挖掘都是常见的拟定量分析方法（方曙、张娴、肖国华，2007）。基于不同的数据类型，专利指标分析（Harhoff, Scherer and Vopel, 2003；Bessen and Meurer, 2008）、专利引证分析（Hung and Wang, 2008）、专利组合分析（Ernst, 2001）等是专利信息分析的主要方法。

最早的专利信息分析通常是基于专利数量指标进行的，以专利的拥有量衡量企业甚至国家的技术研发和创新能力。随着研究的深入，这一统计指标的缺陷也逐渐显现，基于专利价值指标的专利信息分析开始受到青睐。技术质量维度的专利价值测量指标通常包括专利引证、申请人、发明人、国际专利分类号、权利要求、专利族、专利维持年限等（Lee, Yoon and Park, 2009；Yoon, Choi and Kim, 2011；Harhof, Scherer and Vopel, 2003）。专利被引用的频率越高，它的价值就越高，这样的专利多为企业的核心专利（Hall, Jaffe and Trajtenberg, 2005）。企业作为申请人比高校或研究机构作为申请人，其获得的专利更容易被商业化，从而创造出更高的商业价值（Henderson, Jaffe and Trajtenberg, 1998）。专利族的规模越大，说明专利受保护的地域范围越广，其能获得的价值自然更高（Sun, 2003）。专利年费的缴付是专利法律效力得以维持的条件之一，专利年费的金额随着专利维持年限的增长而逐年递增，所以专利的存续时间也可以反映专利价值（Potterie and Zeebroeck, 2008）。权利要求数量的增加，会导致专利申请费用的增加,从而在一定程度上可以体现专利价值。

基于专利数量或价值指标、结合不同的数据统计方法所进行的专利信息分析,其结果最终是为了引导企业、行业乃至国家层面的技术创新发展。因此,专利信息分析分为宏观(国家或地区)、中观(行业)和微观(企业)三个层面的应用。专利信息分析在宏观层面主要是用于国家或地区整体或特定领域创新能力的比较研究。有学者利用我国专利数据,对国家层面整体创新能力进行了实证研究(唐炜,2006)。有学者利用中美两国的 DVD 专利数据进行对比研究,在揭示本行业技术发展总体趋势的同时,分别挖掘出两国的研发重点,并指出中国本土企业的技术弱势(黄圆圆等,2006)。还有学者将专利分析方法用于区域优势产业的挖掘(罗爱静、陈荃,2009)。专利信息分析在中观层面通常是用于分析特定行业技术发展趋势或行业中主要机构的技术地位等。已有研究里,有对石油行业的专利分析(李慧文,2004)、通信技术领域的专利分析(栾春娟、王续琨、刘泽渊,2008)、医学领域的专利分析(侯筱蓉、司有和、吴海燕,2008)、公路工程领域的专利分析(吕一博、康宇航,2010)、轨道交通领域的专利分析(邱红华、漆芳,2012)等。专利信息分析在微观层面主要用于为企业识别竞争对手、选择创新合作伙伴或制定其他专利战略提供指导。有学者分析了专利分析在企业竞争与反竞争情报中的利用(邵波,2006)。有学者提出应利用专利信息分析方法选择技术创新的合作伙伴,通过实证分析发现不同合作动机的技术创新主体可以基于专利信息分析结果选择潜在的合作伙伴(袁晓东、陈静,2011)。

第三节　专利与技术创新风险相关研究

一　专利风险基本理论

"风险"概念最早由 17 世纪中叶的欧洲科学家帕斯科提出。风险并不是一个领域所特有的，它存在于包括经济学、统计学、保险学等不同的学科领域中，对于风险的定义还没有形成统一的共识。总体来说，风险的定义可以分为三种观点："客观存在论"认为，风险是不确定性的客观存在，是实际结果与预期结果的差距（Willett，1951；许谨良，2000；董小君，2004）。"主观论"认为风险是个人对客观事务（即损失或收益）的估计，利用个人主观信度来预测不确定性的发生以及发生时间、过程及结果。不同的人对同一风险可能存在不同的判断和预测（Renn，1992；Williams and Heins，1964）。"结果论"认为，风险的影响是基于它发生的可能性以及它的发生所产生的后果，或损失或收益，或好或坏的结果（Turner，1992；Cooper and Chapman，1987）。综合以上三种观点，风险可以定义为未来客观结果的不确定性。

现有关于专利风险基本理论的研究，多集中在知识产权风险的概括性研究。有学者探索了企业知识产权运营和管理过程中的知识产权风险问题，包括许可过程中知识产权流失的防范和规避问题（Cieri and Morgan，2000；Lochner，2002；Corbin，2002）、企业研发外包过程中知识产权流失的风险（Fitzgerald，2003；胡水晶，2010）。有学者基于知识外部性及产权边界难分的特性，将知识产权风险分为知识外溢风险、隐性知识流失风险和知识产权侵权风险（何英、黄瑞华，

2006)。也有一些学者关注过合作创新过程中的知识产权风险问题。从合作研发的角度，知识产权风险被定义为伙伴间的机会主义行为引发的对权利人当前或潜在利益带来负面影响的事件及其可能性。这类风险具体包括知识产权流失风险和隐性知识获取难度风险（张克英、黄瑞华、汪忠，2006）。另外，企业合作创新中隐性知识转移可能引发商业秘密风险（黄瑞华、苏世彬，2008）。

有少数学者从不同角度针对专利风险问题进行了探讨。从内生风险的角度，专利风险被定义为专利权的取得、实施以及效益的不确定性给专利权人带来的获得利益或引起损失的不确定性（金咏锋、余翔，2008）。从企业专利运作的角度，专利风险被定义为导致企业专利竞争优势丧失和企业专利战略目标无法完成，进而引起企业损失的因素（吴玲，2006）。有学者从价值评估的角度，将专利风险分成三个类别。这三个类别分别是专利诉讼、无效和维权风险，技术风险，专利许可双方的经营管理状况所带来的风险（Rrichard Razgaitis，2003）。本书拟基于专利技术的分析探讨中国高铁出口中的专利风险，因此，技术风险是本书关注的重点。

专利风险的评估研究还没有形成完整的系统，对于专利的评价，现有研究较多集中在专利质量和专利价值的评价上。"专利价值"与"专利质量"是两个容易混淆的名词，很多现有文献将这两个概念混为一谈。有学者对它们分别进行了定义，认为专利质量是用于衡量专利法意义上的有效性，而专利价值像其他资产的价值一样，会随着市场的波动而改变（Li-jun Liu, Cong Cao, Min Song, 2014）。本书将专利质量理解为法律状态的稳定性，将专利价值理解为专利在技术及市场上的商业价值。专利质量是专利价值的前提，专利价值是对专利质量的商业化衡量。专利价值对企业的很多商业活动有着重大的影响（Hanel, 2006），包括新产品的发布、公司的合并或收购、战略联盟的建立等（Breitzman and Thomas, 2002）。除了商业活动，专利价值在专利诉讼中也显得尤为重要（Guellec, Pottelsberghe and Potterie, 2000）。随着企业专利保护意识的增强以及专利申请的增加，许多研究者已经认识到专利价值评估方法的重要性。专利技术是许多企业获得市场成功的决定性因素，专利价值的测量有助于了解企业的竞争力（Ernst, 2001）。专利组合的评估是对各企业专有技术进行客观对比的一种可行方法（Ernst, 2003）。更重要的是，专利通常对技术的商业应用有着预测的作用，所以它的价值评估有助于了解未来的企业竞争格局（Ernst, Legler and Lichtenthaler, 2010）。

关于专利风险的评估，现有研究主要集中在专利侵权风险的评估上。专利风险无法直接被衡量，为了实现评价目的，必须引入可测量的指标。不同维度的各种测量指标的组合，构成了不同的评估模型。有学者基于专利文献的语义分析，建立了专利侵权风险测度模型（Bergmann Isumo et al., 2008）。有学者以联盟的组织形式、累积创新特性、累积创新外部性作为动态联盟知识产权风险评价的一级指标，评价动态联盟中的知识产权风险（闫威、陈燕、陈林波，2009）。有学者研究了知识产权风险对合作研发创新绩效的影响，发现知识产权流失和投入的风险对后续合作和研发创新收益存在负面影响（王西京、张克英、张国谨，2008）。有学者以专利技术研发、专利保护和专利运营为一级指标，构建了企业自主创新专利风险评估模型，并对相关风险因素进行了分析和评价（漆苏、朱雪忠、陈沁，2009）。从专利侵权诉讼风险的角度，学者对企业国家化经营对专利风险进行了实证研究（漆苏，2013）。

二 技术创新风险基本研究

技术创新风险是风险理论与技术创新理论相结合的产物。对于技术风险的研究，学者们基于定义、形成原因以及规避等内容，各自提出了不同的看法。从创新活动是否实现预期效果的角度出发，主流观点将技术创新定义为技术创新项目成败的概率。受主流观点的影响，关于技术创新风险的研究主要集中在技术创新项目的成败概率及其影响因素上。

学者们基本从主客观两个方面，对技术创新风险的形成原因或影响因素进行了分析。技术创新风险的形成被归因于外部环境的不确定性、技术本身的难度与复杂性、创新者有限的能力与实力（谢科范，1999；吴涛，2002）。专利对技术创新风险的预测作用可以通过专利信息分析予以体现。有学者提出运用专利分析对技术创新风险因素进行识别，以此达到预测技术创新风险的效果（金咏锋等，2008）。还有学者认为，通过专利地图分析可以对专利申请趋势进行预测，进而认清技术的未来走向，减少甚至避免技术创新风险（吴新银等，2003）。

第四节　出口贸易与专利制度

一　出口贸易与技术创新

出口贸易又称输出贸易（Export Trade），是指本国生产或加工的商品输往国外市场销售，它与进口贸易一起组成完整的国际贸易行为。"技术差距理论"认为，工业化国家之间的工业品贸易，很大一部分实际上是以技术差距的存在为基础进行的。创新国一种新产品成功以后，在模仿国掌握这种技术之前具有技术领先优势，可以向模仿国出口这种技术领先的产品。"研发要素理论"认为，研究与开发也是一种决定产品国际竞争力的重要生产要素，一个国家的研发投入直接影响其在国际分工中的地位，从而影响国际贸易的方向（OECD,

1997)。"竞争优势理论"认为,一国的贸易优势并不像传统的国际贸易理论那样,简单地取决于一国的自然资源、劳动力、利率和汇率,当代的国际竞争更多地依赖于知识的创造和吸收,所以一国的贸易优势很大程度上取决于一国的产业创新和升级能力(迈克尔·波特,2003)。

就技术创新对国际贸易的影响,学者们认为,虽然技术创新对国际贸易的影响与行业属性密切相关,但总体来说都具有促进作用。有学者认为,国际贸易与技术创新之间不仅具有互动效应,还存在一种长期增长的效应,无论是以技术创新为基础的国际贸易还是由国际贸易引致的技术进步,都是一个国家经济增长的重要因素(魏龙、李丽娟,2009)。有学者的研究表明,技术创新对中国制造业产品和高技术产品的出口影响比较明显(张亮、刁德霖,2004)。还有学者通过实证研究发现,我国自主创新能力与对外贸易之间存在非常密切的双向关系(黄永兴,2008;余道先、刘海云,2008)。

二 出口贸易中的专利制度

国内外学者对知识产权与出口贸易进行了系统的研究。有学者的研究表明,专利申请与出口份额及出口结构存在紧密的正相关关系(Mohammed Rafiquzzaman,2002)。有学者以专利数据为指标,发现技术及其溢出效应是影响国际竞争力和经济增长的最重要因素(Patricia Higino Schneider,2005)。Lei Yang 和 Keith E. Maskus 认为,发展中国家知识产权保护水平的提高可以增加企业的出口能力,强化知识产权保护可以激励发达国家向发展中国家的技术转移,有效降低发展中国家出口企业的边际成本,进而增加出口(Lei Yang and Keith E. Maskus,2008)。Lewis 和 Wiser 研究指出,发达国家掌握重要专利技术的大企业通常不愿意向潜在竞争对手提供技术许可,发展中国家的企业只能从中小企业中获得技术,在此过程中,技术的隐性知识传播会受到影响（Lewis and Wiser，2007）。持有同样观点的还有McInerney，他也认为在技术的跨国转移过程中，专利制度虽然可以通过公开技术信息，达到促进创新的目的，但是对于隐性知识而言，专利制度并没有使它们得到真正的公开（McInerney，2011）。一些学者的研究或者调研发现，专利权人提出的高额许可费或其他不合理许可条件阻碍了技术的顺利转移（TERI，2008；Watal，2007）。

国内学者多从中国的立场出发，研究了专利在国际贸易中的影响。有学者对出口贸易中的专利权与专利风险的关系进行了描述，认为出口贸易中专利权的存在是出口贸易中专利风险存在的基本前提，即出口贸易中的专利权未必会引发专利风险，但是专利风险的出现必然意味着专利权的存在（范云红，2010）。有学者对中国高新技术产业的对外贸易状况进行了分析，认为自主知识产权和核心技术与国际品牌的培育，是促进高新技术产品对外贸易增长的新动力（张威、崔卫杰，2011）。有学者基于专利申请和授权数据，对我国国内生产总值、外贸进出口额及外商直接投资进行了研究，发现专利申请量和授权量对出口结构的影响比较显著（陈军才，2005）。有学者基于对专利的国际申请与出口贸易量之间的统计分析发现，专利申请与出口贸易量之间有显著的相关关系（徐慧、王勤秀，2011）。部分学者研究了知识产权滥用的危害，认为知识产权一旦被非法滥用就会形成知识产权壁垒，破坏正常的国际贸易秩序（冯涛，2007；郑玉琳，2008；王钰、黄洁，2011；朱雪忠、郑旋律，2013）。

通过上述文献的回顾发现，国内外学者并未就专利制度对技术创新以及出口贸易的影响形成统一的认识，但是都从侧面肯定了将专利制度本身作为出口贸易中的一种风险因素予以考虑的必要性。

第五节 研究述评

技术创新与专利制度之间有着密不可分的联系。近年来，就专利制度是促进还是阻碍技术创新这一问题，学者们的争论越来越激烈。但是无论哪种观点，都无法否认专利制度对于技术创新的影响。现有相关研究多集中于专利制度与技术创新、专利制度与贸易投资、专利制度与经济增长等方面。随着中国高铁"走出去"战略的实施，其中的知识产权问题，尤其是专利问题引起了国内外的广泛关注。专利可以是企业走出国门、在国际竞争中突出重围的制胜法宝，也可能是企业打入国际市场的重大障碍，其中专利风险成因和影响的探索成为现实需求。

目前对于专利风险问题的相关研究较少，现有关于专利风险基本理论的研究多集中在知识产权风险的概括性研究，专门针对专利风险的研究较少。现有针对专利风险的理论研究主要包括对专利风险的定义、种类和特征研究，研究较为零散，存在系统研究不足的问题。学者们的实证研究主要是对专利风险进行评估，但是对于专利风险的评估还没有成熟和完善的方法和模型。对已有文献的梳理发现，现有理论研究较实证研究占明显优势，随着国家的推动，中国高铁走出国门的步伐日益加快，对可能出现的专利风险需要进行预测，风险的参考性总结和应对措施需要予以提供，这就迫切需要出口贸易的专利风险实证研究，为企业经营战略制定和政府决策提供一定的支持。此外，无论是理论研究还是实证研究，现有研究的主体对象涵盖的是所有企业，没有锁定特定行业中的企业。中国高铁在技术上和创新历程上都有其特殊性，高铁是一项复杂且包含庞大技术体系的产品，中国高铁的创新和市场规划都深受政府影响。对中国高铁这个特定行业的产品出口进行专利风险的实证研究，探索专利风险的来源及可能产生的后果，可以为企业和行业的出口规划提供一定的参考。

　　现有研究对专利风险的研究通常基于已经发生的事实，遵循风险识别—风险评价—风险管理策略的研究路径，对相关问题进行研究分析。中国高铁出口尚未发生专利阻碍和侵权等案例，因此本书主要专注于专利风险来源的识别和其影响的预测性研究。学者们对专利风险来源的研究多集中于定性分析领域，有从一般意义上分析哪些因素可能导致专利侵权诉讼风险的，也有基于技术创新的过程，从企业内部的专利研发、保护、管理和运用角度出发，提取不同阶段的专利风险因素的。鉴于高铁行业在中国的特殊性及其技术的复杂性，仅通过定性分析对专利风险来源进行一般意义上的罗列，无法起到相应的预测效果，从而缺乏实际的指导意义。由此可见，出口贸易中的专利风险原因和来源的实证分析尚有欠缺，有必要基于现有研究成果，结合中国高铁的发展历程特征和技术本身的特性，进行更为深入的研究。本书拟基于"反公地悲剧"理论和集成创新理论，从专利技术信息角度，根据中国国内和全球的专利数据，分析高铁行业的专利分布总体态势、中国高铁企业及其竞争对手的专利布局、重点技术领域及技术关联程度，分析中国高铁出口专利出口风险的来源及应对。

第三章 集成创新和专利分散对中国高铁出口影响的理论研究

中国高铁出口打破了日本、德国、法国等少数几个国家长期垄断世界高铁市场的局面，为维护自己的利益以及巩固市场份额，竞争对手必然利用包括知识产权在内的各种手段遏制中国高铁加入国际市场的竞争。中国高铁在一定程度上依靠技术引进和集成而非原始创新的发展背景，高铁技术本身的复杂性以及研发主体的增多，使得中国高铁的出口面临专利方面的风险和隐忧。探索中国高铁出口专利风险的成因以及这些成因可能造成的影响，才能提前做好应对风险的准备。

第一节 中国高铁技术创新模式分析

从技术模块的角度来说，高铁是一个庞大的技术体系，它包括工务工程、牵引供电、综合维修、环境保护、通信信号、高速列车、运营调度、客运服务。高速列车是高速铁路的核心技术之一，也是世界各国在高速铁路产业中竞争的制高点。高速列车由45000个零部件组成，其中更是包含了庞大的专利体系。高铁的技术复杂性决定它的生产不可避免地使用外部资源。20世纪90年代以来，中国开始对高速铁路的设计建造、高速列车、运营管理等的基础理论和关键技术组织开展大量的科学研究和技术攻关，并进行了广深铁路提速改造、修建了秦沈客运专线。在此基础上，中国自主研发了电力动车组"大白鲨""先锋号""中华之星""长白山号"，但是因为种种问题，最终未能实现量产。面对日益增长的铁路运输需求和压力，铁路提速问题迫在眉睫，中国对高速铁路的迫切需求，促使中国政府主导了高铁技术的引进。引进先进国家的高铁技术，可以缩短研发周期、节省研发资金，同时可以提高本国企业的技术竞争力，实现技术的追赶和跨越，是中国高铁技术发展的理性选择。作为关系民生和公共利益的铁路产业，其发展必然会受到政府的干预。中国高铁技术创新在政府的主导下，主要从国际和国内两个层面进行集成，对外国技术持引进、学习和追赶的态度，在国内层面则是集合政府、企业、高校和科研院所的资金、技术和知识等要素进行高铁技术研发和产品生产。

一　中国高铁的技术引进及追赶

有学者认为，单纯的技术引进路径无法使后发国家的企业摆脱落后—引进—再落后—再引进的怪圈，真正后发优势的实现必须依托后续的消化吸收再创新环节（林善波，2011）。从已有研究中可以发现，不同的国家或企业可能通过不同的路径进行技术追赶，但是通常都需要经历技术引进和模仿阶段，它们也是容易发生专利风险的过程。后发国家通过技术追赶推动产业结构升级，提高自主创新能力，是实现对发达国家经济赶超的重要推动力。对于后发国家而言，从引进、模仿到再创新是一个艰难的过程。

中国早在1992年就开始了对高铁的自主研发，在研发结果不能满足日益膨胀的市场需求时，原中国铁道部（现中国铁路总公司）决定招标引进国外先进技术。招标工作于2004年6月开始，招标公告中对投标企业资质的限制，为中国相关企业成功受让及掌握关键技术创造了良好的机会。招标公告中明确规定，投标企业必须是"在中华人民共和国境内合法注册的，具备铁路动车组制造能力，并获得拥有成熟的时速 200 千米铁路动车组设计和制造技术的国外合作方技术支持的中国制造企业（含中外合资企业）"。在这一条件限制下，外国企业无法直接参与投标。而《中长期铁路网规划》所描绘的"四纵四横"客运专线网络代表的是一个前所未有的庞大高铁市场，没有任何一个高铁企业可以忽视或放弃这样的机会。当时原铁道部仅指定了两家企业可以进行技术引进，分别是南车青岛四方机车车辆股份有限公司和中国北车集团长春轨道客车股份有限公司。因此，外国高铁企业参与利益分享的唯一途径就是与这两家中国企业进行技术合作并以合理的价格出让关键技术。

在 2004 年引进发达国家的技术之后，中国高铁开始进入跨越式发展阶段并实现技术追赶。2004—2005 年，在政府的主导和政策推进下，中国主要列车整车制造企业先后从加拿大庞巴迪、日本川崎重工、法国阿尔斯通和德国西门子引进技术，联合设计生产高速动车组（表 3-1）。中国高铁整车制造企业经过 3—4 年的消化吸收和再创新，生产出 CRH 系列动车组。

表 3-1　　　　　　　中国高铁技术来源

引进时间	技术来源	引进车型	生产厂家	生产车型
2004 年	加拿大庞巴迪	Regina C 2008	南车四方—庞巴迪铁路运输设备有限公司	CRH1
2004 年	日本川崎重工	新干线 E2-1000	南车青岛四方机车车辆股份有限公司	CRH2
2004 年	法国阿尔斯通	SM3	中国北车集团长春轨道客车股份有限公司	CRH5
2005	德国西门子	Velaro E	中国北车集团唐山轨道客车有限责任公司	CRH3

资料来源：笔者整理。

从中国高铁的发展历程看，1998年韶山8型电力机车以240千米时速创下了当时的"中国第一速"，成为中国第一种高速铁路机车。1992年，当时的铁道部科技司根据高速列车的相关重要部件列出研究课题，2000年开始的"中华之星"研发便是基于这些课题的成果，在此基础上进行集中开发而成。最终因提速极限、安全隐患等问题，中国自主研发的动车组，都没有真正实现量产。2004年，随着第一个《中长期铁路网规划》的通过，中国高速铁路进入了新的发展阶段。2004—2006年，在原铁道部的主导下，中国北车集团长春轨道客车股份有限公司、中国北车集团唐山轨道客车有限责任公司、南车青岛四方机车车辆股份有限公司先后从加拿大庞巴迪、日本川崎重工、法国阿尔斯通和德国西门子引进技术，联合设计生产高速动车组。2008年2月，科技部和原铁道部共同签署《中国高速列车自主创新联合行动计划合作协议》，研发时速380千米的新一代高速列车。2010年6月，国产化率达70%的"和谐号380A"下线，同年10月、12月分别正式在沪杭和武广客运专线投入运营。高速铁路的发展大概经历了三个阶段：1992—2004年，中国研发出了电力动车组"大白鲨""先锋号""中华之星""长白山号"，这个时期基本可以被视为完全自主的集成创新阶段。2004—2006年，通过引进国外四大企业的高速列车技术，我国处于高速列车的引进、消化和吸收阶段。2007年至今，在引进吸收和消化的基础上，产生了"和谐号"众多车型，我国高速列车处于再创新的阶段。从我国高铁技术的学习和吸收过程来看，中国高铁的发展符合自主创新中的消化引进吸收再创新模式。

中国高铁经历了引进、消化、吸收、再创新的发展过程，中国政府在2009年正式提出高铁"走出去"战略。当年中国已确定周边三条高铁规划战略——中亚高铁、欧亚高铁和泛亚高铁。李克强总理2013—2014年出访期间，分别向泰国、罗马尼亚、英国、美国、德国、俄罗斯和意大利等国推销中国高铁。高速列车作为中国战略新兴产业之一，其迅猛的发展势头引起了国内外的广泛关注。

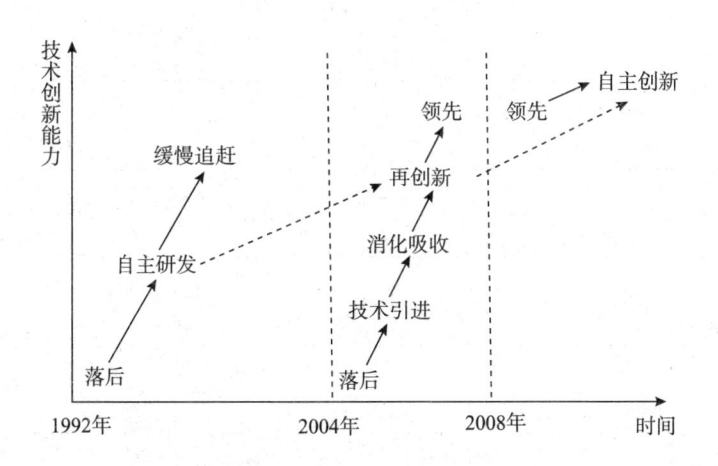

图 3-1　我国高速列车发展轨迹

资料来源：陈劲：《从技术引进到自主创新的学习模式》，《科研管理》1994 年第 2 期。

从专利申请趋势来看，中国高铁技术相比外国企业起步较晚。根据专利检索结果，日本专利技术最早可追溯到 20 世纪 60 年代，而中国到 20 世纪 80 年代才开始有高铁专利技术。本书选取最近 20 年的专利申请数量进行分析，由于专利申请存在公开的时滞问题，信息的获取存在至少 18 个月的时滞，2014—2015 年的数据也因此披露不完整，本书所利用的专利数据截至 2013 年。

如图 3-2 所示，全球高铁专利申请自 2005 年以后保持平稳增长的态势。日本高铁技术的专利数量在 2004 年以前占据优势地位，2005 年以后中国高铁技术的专利数量开始赶超日本，并于 2008 年开始超越其他所有国家的专利总量。2008—2011 是全球高铁专利申请增长幅度最大的时期，同时中国专利申请人的专利申请逐渐占据绝对多的份额，并开始取代日本专利申请人的主导地位。这一结果与我国高铁技术的引进—消化—吸收—再创新的时间节点和过程是相符的，也说明了我国高铁技术引进举措所产生的效果。

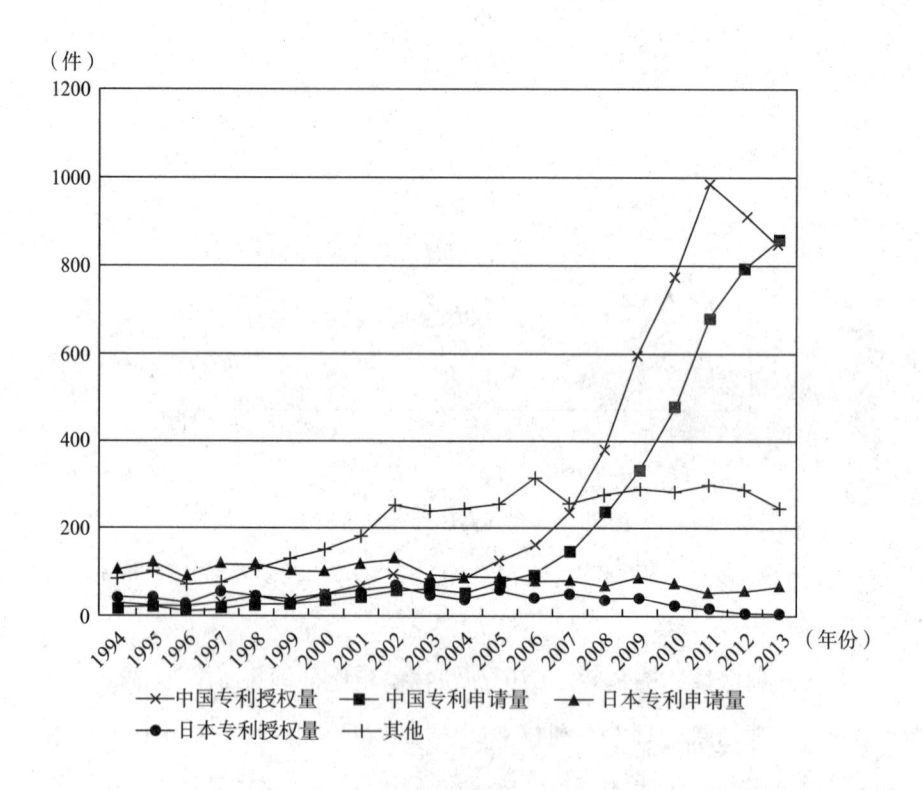

(件)

图 3-2 高铁技术专利申请趋势

资料来源：笔者根据 innography 平台的专利检索结果制作。

二 中国高铁技术的国内集成

高铁作为基础设施，同时也是我国战略新兴产业之一，其研发创新获得了政府的较大支持。我国高铁整车制造企业是国有企业，企业发挥主观能动作用的同时，政府在整个高速列车行业的发展和创新过程中起到了主导作用。从技术引进到行业发展规划、从资助研发到集中控制市场，政府的政策引导和资金扶持是中国高速列车发展速度远快于其他国家的重要和特殊的原因。

如图3-3所示，政府的政策引导和资助促成了中国高铁行业和企业从学习向创造的转变、自主创新能力的提升，保证了新技术或产品的形成并逐步替代传统技术或产品，最终实现高铁的集成创新。

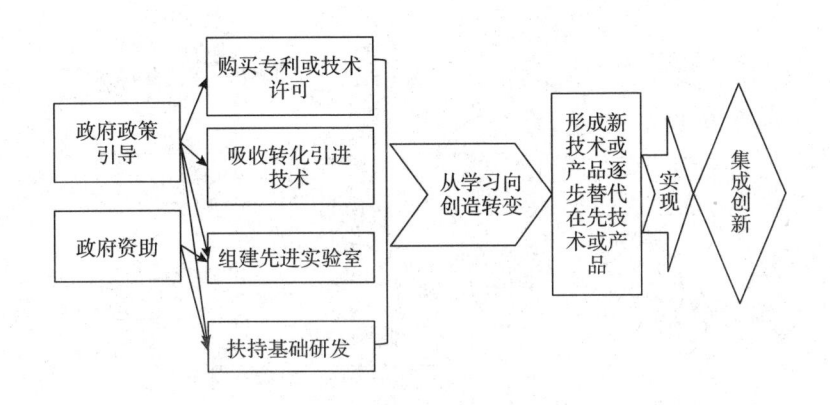

图3-3 中国高铁技术集成创新路径

资料来源：笔者绘制。

1. 政府的政策引导

2010年10月，国务院颁发《国务院关于加快培育和发展战略性新兴产业的决定》，提出大力发展轨道交通设备。随着《铁路"十二五"节能规划》《国家铁路"十二五"发展规划》《轨道交通装备产业"十二五"发展规划》等政策的实施，政府在高铁技术的整个引进消化吸收和再创新过程中，体现了重要的主导和协调作用。2004—2006年，中国铁路总公司组织了南北车与川崎重工、阿尔斯通、庞巴迪和西门子的技术引进谈判。高铁由动车组的车体、转向架、牵引控制、牵引变压器、牵引变流器、牵引电机、制动系统、列车网络控制系统、动车组系统集成技术9大关键技术和系统配套技术构成。相关企业和研发机构在政府的协调和安排下，开展各自的研发活动（见图3-4）。

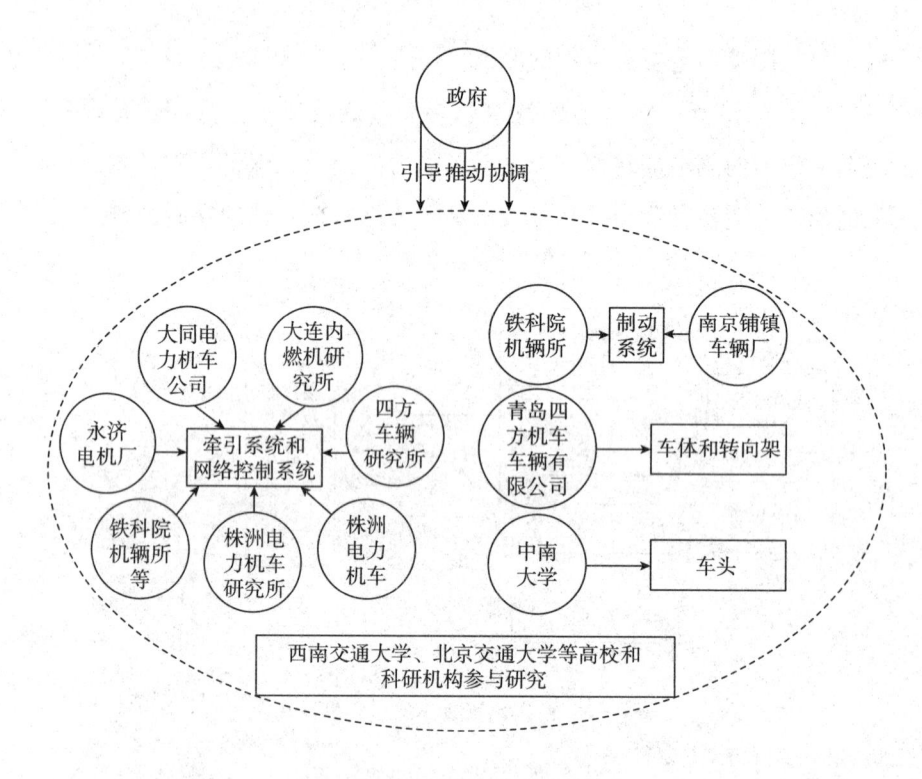

图 3-4　中国高铁技术的组织及技术集成

2. 政府对高校及研究机构高铁基础研发的支持

通过国家自然科学基金，我国高校 2003—2013 年就高铁项目共获得 3.15 亿元的研发资助（见图 3-5）。其中，西南交通大学、北京交通大学、中南大学和清华大学在高铁基础研发上占据重要优势。

通过整理 2003—2013 年高铁自然科学基金项目的数据发现，2008 年起国家的研发投入开始明显上升。这一年正是我国引进消化吸收国外高铁技术的开始，而高校在引进消化吸收中的作用是不容忽视的。我国政府显然早已意识到高校是技术创新发展的主要力量，对其资金上的支持，为高铁基础理论的发展和创新提供了必需的条件。

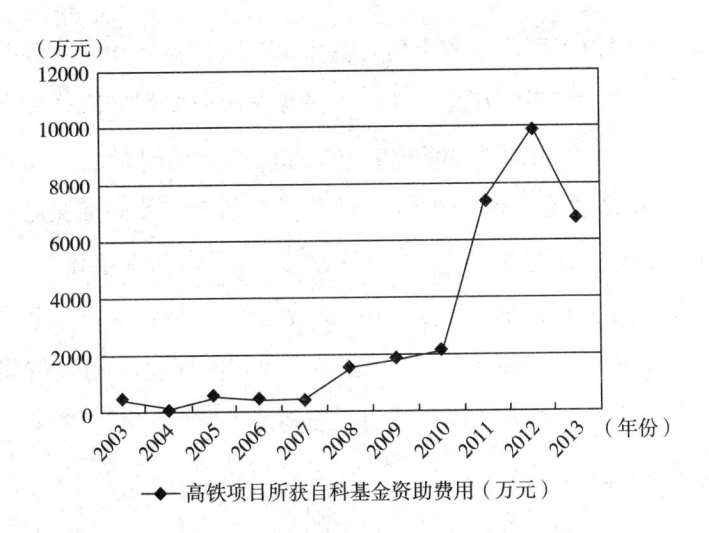

图 3-5　2003—2013 年我国高校高铁项目所获自科基金资助费用

资料来源：笔者查阅国家自然科学基金委员会网站统计所得。

3. 政府对企业技术研发和创新的支持

我国政府通过国家科技计划①对高铁技术的关键领域进行科研项目的布局。仅"十一五"期间，国家共投入 22 亿元作为高铁技术的研发基金。中国南车股份有限公司（后文简称"中国南车"）和中国北车股份有限公司（后文简称"中国北车"）作为创新主体，联合西南交通大学、北京交通大学等高校和科研机构，形成了一个庞大的创新网络。中国南车和中国北车在高铁领域的创新取得了较大进展，动车组营业收入占两个企业总营业收入的比重逐年增加。专利数据可以客观地反映企业的创新活动及成果，虽然有其局限性，但是专利仍是常用的创新活动测量指标。本书利用中国知识产权网专利信息平台检索了中国南车和中国北车总的专利概况。以申请人作为检索条件，分别统计了两个公司历年在中国的专利量和技术构成。截至 2014 年 12

---

① 关于高铁技术的国家科技支撑计划、国家高技术研究发展计划（"863 计划"）和基础研究（"973 计划"）。

月中旬，中国南车国内专利申请总量为 11074 件，其中实用新型专利为 6958 件，发明专利为 3526 件；中国北车国内专利申请总量为 6331 件，其中实用新型专利为 3696 件，发明专利为 2390 件。

图 3-6 描述了 2000—2014 年两公司专利申请量的变化趋势，由于专利申请的公开有至多 18 个月的滞后，所以 2013 年和 2014 年的数据存在不完整的问题。两公司创新活动的上升期开始于 2006 年，2008 年以后增长趋势非常明显。这与我国政府对高铁领域的研发投入趋势是相符的，可以大概反映出政府的研发资助对高铁企业的创新活动是存在正相关关系的。

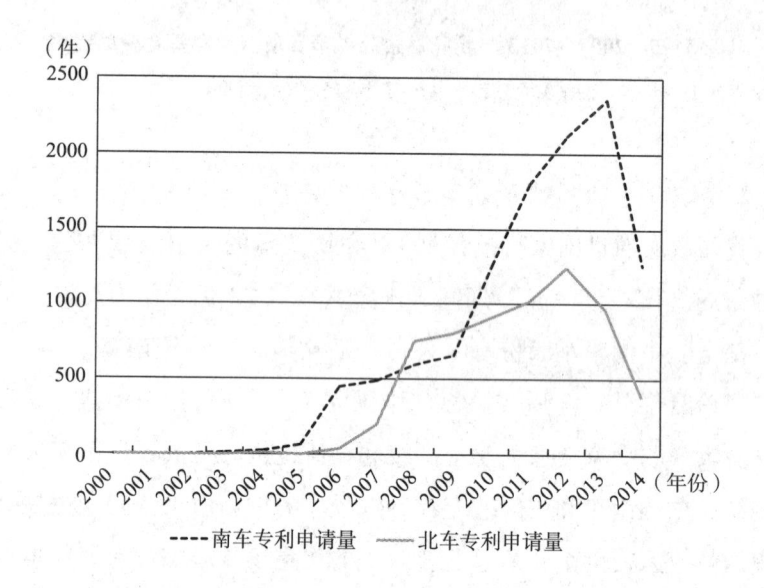

图 3-6 2000—2014 年中国南车、中国北车专利申请量

资料来源：中国知识产权网专利信息平台。

从上述中国高铁的创新历程和特征分析发现，一是中国高铁技术创新并非由某一个企业以其自身的内部资源所完成；二是集合了国内外各种创新要素，包括国外技术和资源的集中、国内创新主体的协同

和合作、政府资金的投入，等等，是一种集成性的创新模式。

第二节　中国高铁出口专利风险成因

随着中国高铁"走出去"战略的实施，高铁成为李克强总理出访时必推的项目之一。在2013—2014年出访期间，李克强总理分别向泰国、罗马尼亚、英国、美国、德国、俄罗斯和意大利等国推销中国高铁。高速列车作为中国战略新兴产业之一，其迅猛的发展势头引起了国内外的广泛关注。中国参与国际高铁市场竞争所面临的风险逐步显现，首先遭遇的冲击很可能来自技术领域，其中的专利风险最受瞩目。了解中国高铁出口专利风险的成因，可以为减少专利风险造成的中国高铁企业在出口过程中可能发生的损失提供一定的参考。

一　中国高铁出口专利风险来源

从专利技术分析的视角看，中国高铁出口的专利风险主要源于两方面。

一方面，在中国政府的主导下，中国高铁通过引进—消化—吸收—再创新的发展路径，在接受并消化所引进的国外高铁技术的基础上，集合外国企业的技术、高校科研院所的基础研究能力、高铁企业的技术研发和商业化能力，进行集成创新。中国高铁的发展历程以及技术本身的复杂性，决定了中国高铁技术的创新是"站在巨人的肩膀上"完成的。作为后续技术的创新者，中国高铁技术在模仿及改进在先专利技术。相较外国企业高铁技术的在先研发和专利布局优势上，中国高铁专利质量相对较低、布局不足。这种情况下，中国高铁企业在海外进行专利申请时，容易为在先专利技术所干扰，专利权的获取难度增大。此外，将产品出口到在先技术的专利授权国时，容易发生专利侵权风险。

另一方面，高铁技术的复杂性导致的专利技术分散以及"专利丛林"现象的出现，使作为后发追赶国家的中国，其高铁技术创新以及出口过程中可能面临专利"敲竹杠"和潜在侵权不确定性风险。动车组领域关键技术包括系统总成技术、车体技术、高速转向架技术、牵引变流器技术、牵引控制技术、牵引电机技术、牵引变压器技术、制动系统技术、网络控制技，各个技术都要通过多种专利来保护。从技术的特性来看，高铁无疑是复杂的构成，技术的复杂性越高，一个技术机会里的专利权人可能变得越分散，这是因为企业要努力减少机会主义专利权人拥有关键或阻碍专利权的可能性，这是与"专利丛林"的出现相关的状况（Georg von Graevenitz et al.，2013）。从全球高铁技术的创新发展历史来看，发达国家起步早，以日本为首的第一代高速铁路由日本、法国和意大利分别于20世纪60—90年代研发并建成，当时的高铁技术也相对集中地掌握在这几个国家的企业手中。20世纪90年代以后，德国、意大利、西班牙、英国、美国等发达国家以及亚洲的韩国、中国纷纷掀起高速铁路的研发和建设热潮。随着"高铁热"的兴起，越来越多国家的企业和创新主体投入高铁技术的研发，高铁技术所涵盖的专利也由越来越多的权利人占有，专利技术的分布趋势也越来越分散。过于分散的专利以及重叠的权利要求将逐渐形成"专利丛林"，中国的高铁技术进入这些国家市场的专利侵权风险会大大增加，必须确保自己的专利技术能避开这些障碍，规避专利风险。

二 中国高铁出口专利风险的具体表现

鉴于以上两个风险来源的分析，本书所界定的中国高铁出口专利风险，其表现形式有两个：一是海外专利权的取得和专利技术实施的不确定性，二是陷入专利侵权纠纷和诉讼的可能性。

从中国高铁技术的创新历程可以看出，建立在外国引进技术基础上的中国高铁，在目标国家市场进行专利申请时，作为后续改进技术的中国高铁，必须绕开外国企业在该国的在先专利所包含的技术，才能在该目标国家成功获得专利授权。中国高铁技术在此限制下，可成功获得专利权的技术在数量上会减少，而且即使获得专利授权，专利权的权利保护范围也必定受到影响。此外，中国政府主导高铁技术引进谈判时，所涉及的技术转移和许可都有地域限制，即在中国境内使用相关技术，一旦产品出口国外，在利用其他创新主体在目标国家的专利技术时，需要获得各个不同主体的许可。众多专利实施许可的获取必定以高昂的许可费为代价，如果竞争对手以其专利技术为阻碍中国高铁进入特定国家市场的手段，中国企业必须研发或寻找替代性专利技术以打破竞争对手的封锁，研发或专利许可费同样大大增加高铁出口的成本。因此，中国高铁在出口国际市场时，海外专利权的取得和专利技术实施的不确定性极有可能大大提高企业的经营成本，给企业带来较大的经济损失。

中国高铁参与高铁研发和建造的时间较发达国家晚了三十多年，作为技术追赶方，中国处于后发技术劣势地位是不可避免的。此外，随着参与高铁研发的主体的增加，拥有相关专利的专利权人增多，专利权利的"碎片化"使得专利技术之间的互补性和依赖性增强，各个权利之间容易出现交叉重叠，并互相制约对方的技术实施，进而引起侵权纠纷。中国高铁海外专利布局薄弱的现状容易使中国企业作为被告方进入诉讼。提出专利诉讼的企业通常有三个目的：一是就其被侵权的专利技术获取专利许可费，作为收回巨额研发投入的一种方式；二是将专利侵权诉讼作为打击竞争对手的手段，削弱竞争对手与自己分割市场份额的能力，以此维护自己在市场竞争中的有利地位；三是通过诉讼或者以诉讼相威胁来获取高额赔偿或专利许可费，是一种"专利钓饵"行为。一旦发生专利侵权诉讼，复杂烦琐的举证、应诉等诉讼程序将分散企业负责人的经营注意力，甚至影响整个企业的产品研发、上市等运营计划。尤其是如果不幸成为专利侵权诉讼的被告方，还要面临声誉受损、客户流失等压力，给企业带来不可估量的损失。

第三节 集成创新与出口专利风险

一 集成创新理论

后发国家通过技术追赶推动产业结构升级，提高自主创新能力，是实现对发达国家经济赶超的重要推动力。现有主要技术追赶的研究主要关注两个区域，即欧洲和亚洲的追赶。英国在19世纪大部分时期一直是资本主义世界中经济和技术的领导者，19世纪后半期，美国和德国开始快速追赶并最终取代了英国，居领先地位。美国和德国的成功追赶不是简单地依靠模仿领先国家已有的先进技术，创新才是其追赶成功的关键（Freeman and Loua, 2001）。关于亚洲追赶的研究多以日本、韩国、中国台湾为研究对象。有学者以韩国为例，认为后发国家的追赶模式可以归纳为路径依从型、路径跳跃型和路径创造型（Lee and Lim, 2001）。有学者将韩国、中国台湾、中国香港、新加坡的电子工业作为研究对象，认为OEM（贴牌制造）—ODM（自主设计制造）—OBM（自主品牌）是后发国家和地区实现追赶的路径（Hobday, 1995）。

国内学者多从学习过程和模式的角度研究我国的技术追赶和创新问题，并基于此提出了自主创新的概念。自主创新被定义为，通过引进和吸收国外的技术，从研究开发中学习并实现较多的再创新（陈劲，1994）。有学者概括了自主创新的三层含义，包括原始创新、集成创新和引进技术的消化吸收再创新（吴绍芬，2005）。后两层含义通常是后发国家实现技术追赶的主要路径模式。有学者认为，集成创新在日本、韩国和中国台湾从模仿到创新、从跟进到追赶和跨越的技术发展过程中发挥了重要的作用（丁秀好、宋勇涛，2012）。

集成创新概念的提出应追溯到1998年，当时哈佛大学教授Marco Iansiti提出了"技术集成"（Technology Integration）的理念，将其界定为把各种知识融入企业自身特定的环境之中并成功完成产品和工艺的开发，而这也被大多数学者认定为集成创新概念的首次提出。国内有学者从战略集成、知识集成和组织集成三个层面构建了集成创新的理论框架（陈劲，2002）。有学者将集成创新定义为：对各种创新要素进行创造性的融合并使它们达到优势互补和相互融合，最终使整个创新系统的功能发生质的提升，形成独特的创新能力和竞争优势（李文博、郑文哲，2004）。

对于集成创新，目前学界并没有确切的定义。基于已有研究，综合各位学者从不同层面总结的概念，本书认为从组织主体角度出发，集成创新包括企业为满足市场竞争及自身发展需要自主进行的集成创新和政府为了公共利益以及推动大型战略性项目的实施而主导的集成创新。

二　集成创新中出口专利风险的形成机理

（一）外部知识产权是集成创新的基础

知识的外部性特征使其可以在不同主体之间发生共享或者模仿。随着技术专业化和复杂程度的提高，知识的溢出和扩散在创新中的作用越来越重要。集成创新的实现是通过将企业内外部已有的知识进行融合，形成新的技术构建，且新产品的开发和生产成本的降低等使企业绩效得以提升（王毅、吴贵生，2002）。企业的集成能力包括对现有知识的综合运用能力以及获取能力（Kogut and Zander，1992）。由此可见，外部知识是企业进行集成创新的重要源泉。集成创新中涉及的知识包括公知技术、已有知识产权（包括有效专利）和部分创新技术，将它们系统地组成一个新的具有创造性的技术方案便是集成创新行为（杨林村、杨擎，2002）。技术资源和知识来源的多样化决定了企业在集成创新过程中必然不可避免地应用到他人的知识产权，在进入国外市场时，竞争对手的专利布局和限制使中国企业面临专利侵权风险。

（二）国家和企业的技术处于后发劣势地位

有研究发现，目前全世界86%的研发投入、90%以上的发明专利都掌握在发达国家手中（Rui Baptista，1998）。因此，处于技术劣势地位的后发国家及企业通过引进发达国家的技术，可以缩短研发周期、节省研发资金，同时可以提高本国企业的技术竞争力，实现技术的追赶和跨越。然而，通过接受许可或购买专利来实现自身产品和技术的更新换代，在获取便利的同时，如果不能提升自身的创新能力，就会对外来技术产生依赖，进而影响企业的自主创新能力，容易陷入落后—引进—再落后—再引进的怪圈。对于核心技术，技术出让方可能会在市场不成熟的初期收取较低的转让费，待市场成熟以后，提高许可使用费。出让方的"放水养鱼"策略使技术受让方存在专利捆绑风险隐患。中国DVD产业便是发达国家这一策略的牺牲品。早在1996年，发达国家的DVD技术就已经成熟，十家公司一起组织了6C、3C等专利联盟。它们没有在中国DVD产业发展初期收取高额许可费，而是实行"放水养鱼"政策，使中国DVD生产企业与它们的技术绑定在一起。在中国DVD产业发展成熟并畅销欧美市场之后，迫使中国DVD生产企业支付高昂的许可费，中国DVD生产企业因此纷纷倒闭，整个产业迅速没落。

由于集成创新过程中利用外来资源是不可避免的，所以在利用外部资源和技术进行复杂技术的自主创新时，必须对研发项目相关的技术和产品领域的专利布局进行全面、详尽的分析。对于一个具有庞大技术体系的复杂产品来说，很难准确深入地了解相关的专利状态，企业容易陷入侵权研发的风险中。

第四节　专利分散与出口专利风险

一　专利分散理论渊源——"反公地悲剧"

技术的不断综合化和复杂化是目前技术创新的重要趋势，而综合且复杂的技术不断被专利化则是专利制度不断发展的结果。复杂技术产品是通过多项专利来保护其技术的，可以说它意味着知识的交叉和集合。在技术日趋复杂的背景下，专利之间的关系可以分为牵制和互补两种，牵制关系多发生在累积性创新条件下，即现有创新多是对已有技术创新的改进工作，这种累积性创新所产出的专利的实施通常会侵害在先的基础性专利，换言之，在先的基础性专利会牵制新专利的实施和利用；互补关系是指两项专利相辅相成，一起实施可以使技术产业化获取更大利益（Clarkson G.，2004）。互为牵制关系的专利，被牵制的专利只有在获得对方许可的情况下才能予以实施。而互补专利虽然可以不需要对方许可而单独实施，但是组合实施才能完整地实现其技术功能。

Kortum 和 Lerner 研究美国专利与商标局开始于 1984 年的专利申请爆炸情况，他们假设专利申请激增由三个原因造成，包括 R&D 强度的增加、专利持有人所处法律环境的改善以及技术机会的增加。他们所提供的数据和模型分析支持了第三个原因,即管理实践的改变使研发得到了更多的应用,从研发中产生的专利量也得以提高,这些是专利申请量增加的主要原因(Kortum and Lerner,1998)。Hall 和 Ziedonis 探索了研发能力的增强是否导致专利申请量的增加,但是他们没有找到系统的证据来证明这一假设。他们提供的证据表明,由于复杂的技术产品依赖于大量专利的组合,因此,专利数量的激增,是针对特别发生在复杂技术中的"敲竹杠"行为的一种战略应对(Hall and Ziedonis,2001)。Hall 还表示,专利申请量的激增是由那些主要技术都具复杂性的公司导致的(Hall,2005)。一个技术的复杂性意味着由它产生的专利是互补的,如果专利权是分散的,那么必然会出现"敲竹杠"行为(Ziedonis,2004)。当太多的专利覆盖一个商业产品的各个部分,且这些专利分别由不同的主体所有时,"专利丛林"就会出现。冯·拉维尼茨等的研究发现,复杂技术和大量的专利导致了"专利丛林"的产生,"专利丛林"的增加主要集中在复杂技术领域(Von Graevenitz, et al.,2007)。卡尔·夏皮罗认为,"专利丛林"是"一个密集的重叠知识产权网,企业必须穿越这个网才能将其新技术真正商业化"(Carl Shapiro,2001)。高铁产品覆盖众多技术领域,跨越不同学科类别,随着专利不断向不同技术领域延伸,专利分散问题随之出现。

专利分散最早被学者发现于生物领域,Rebecca S. Eisenberg(1990)指出,在医用蛋白质和基因诊断测试的过程中,可能需要利用由多个专利所有人持有的专利集合,但是要获得所有必要专利的许可是一件十分困难的事情。有学者认为,所谓的专利分散,是指越来越多的企业为了避免被他人侵犯专利权或者侵犯他人的专利权,而寻求申请更多的专利(B. H. Hall and R. H. Ziedonis,2001)。综上所述,专利分散是指特定技术的专利由众多专利权人分别享有。当太多的专利覆盖一个商业产品的各个部分,且这些专利分别由不同的主体所有,即专利过于分散时,"专利丛林"就会出现。因此,专利分散具备三个特征:首先,某项复杂技术或商品需要运用大量专利;其次,众多专利之间是一种互补关系;最后,众多专利由不同的权利人所有。专利过于分散的情况下,企业必须穿过庞大的专利网络才能将新技术商业化,从而导致交易成本大幅增加,甚至出现社会资源浪费的问题。这种现象可以由"反公地悲剧"理论提供很好的解释。

1982年,美国经济学教授麦克尔曼(Frank Michelman)根据排他权和使用权的分布结构,把财产权划分为公地财产权(commons property)、个人财产权(private property)以及反公地财产权三种形态。他将公地财产权解释为多个权利人对某个客体享有使用权,但不享有排他权;个人财产权则指一个权利人对某个客体享有使用权、排他权;反公地财产权被认为是多个权利人对某个客体享有排他权,但不享有使用权(Michael A. Heller,1998)。公地财产权可能导致过度放牧、环境污染等问题,经济学上将这一现象称为"公地悲剧"。Michael A. Heller则从法学角度提出,反公地财产权会使资源使用不足,从而导致"反公地悲剧"。根据经济学理论,这种过于分散的所有权权益问题很简单:它增加了交易成本、加剧了"敲竹杠"问题以及促使了高昂诉讼费用的产生,从而阻碍受影响产权的商业发展。此外,专利丛林会阻碍对后续发明的新研究(Michael Heller and Rebecca Eisenberg,1998),阻碍"有用技术的进步"存在"专利丛林"的行业中,如半导体行业,企业进入一个产品市场,单是专利许可费就需要支付1亿—2亿美元。专利权在这种情况下,没有促进发明创新,却是成为对抗竞争者威胁的工具,甚至威胁、阻碍创新(Hall and Ziedonis,2007)。

以技术的公开换取保护是专利法的基本功能之一,专利法赋予权利人强有力的排他权也是专利权的重要特征之一。随着专利数量的激增以及技术复杂性的提升,产品的技术结构发生了从单一型向集成型的转变。在单一型技术结构中,一个商业化产品仅对应一个专利,专利权人通过自行实施或许可他人实施而商业化自己的专利时,可以无须取得他人的专利许可,也不会存在侵权他人专利权的风险。然而,产品的技术结构转变成互补性技术为主的集成型以后,一个产品上往往覆盖了众多重叠交错专利权,企业必须实施众多专利组成的专利集才能完成产品的制造。美国专利分散现象严重的半导体、计算机、生物、纳米等技术领域,一个终端产品的完成通常需要数以万计的专利技术,而这些专利又由成千上万个不同的专利权人所掌握。因此,当商业化的产品之上覆盖大量互补性的专利时,每个专利权人就自己所掌握的专利享有绝对的排他权,但是由于受制于他人基于自己的专利权享有的排他权,对自有专利权无法实施,不能将其转化为商业化的产品。这一现实完全符合"反公地悲剧"理论所描述的现象,基于这个理论,专利分散现象有引发"敲竹杠"问题以及专利侵权的风险,从而导致专利权使用不足。

二 专利分散情境下出口专利风险的形成机理

(一) 技术复杂度的增加

一个技术的复杂性意味着由它产生的专利是互补的。技术复杂性的增加使技术之间的互补性增强,拥有不同专利技术的专利权人之间的依赖性随之增强。与其他专利权人进行专利技术合作或获得专利许可,是企业顺利进行后续技术研发或者产品生产的必需途径。企业依赖他人的资源必然容易受人遏制,只有在对方对企业有相当等同的需求时,合作或交叉许可协议才可能达成;如果企业没有掌握对方需要的互补性技术,即使付出高昂的许可费也未必能获得专利许可,那么企业的后续研发或者产品生产将因潜在侵权风险而被迫停止。

(二) 专利权人的增加

特定技术专利权人的数量是衡量影响专利分散的重要指标。当生产某种商品所需要的专利分散在众多不同专利权人的手里时，每个专利权人都有可能阻止其他企业对该产品的生产（Michelman，1982）。随着拥有核心专利的专利权人的增加，相关技术的专利前景和网络结构愈加错综复杂。涉及相关技术领域的企业很难在不侵犯其他企业所持有的专利的情况下，进行技术研发或者产品的上市。

三 专利分散的测量方法

专利分散是一个相对较新且抽象的概念，根据定义或者整体的专利数据都无法对其进行具体而准确的测量。本书将根据国内外专利数据资源的差异，尝试分别从多角度利用多个指标，对高铁领域国内外的专利分散现象以及分散趋势予以描述。

"分散"和"集中"是相对的概念，因此测量方法应该是相通的，国内外已有不少学者提出了专利分散和专利集中的测量指标和方法。学者们的测量较多针对专利的地理和空间分布状况，少数学者对特定行业领域的专利分布进行了测量。

第一种情况的研究始于1989年，国外学者利用美国专利引证数据，从地理空间的角度对专利集中情况进行了比较测量（Adam B. Jaffe，1989）。从同样角度进行测量研究的还有Lim，他考察了美国大城市在创新活动分布上的空间差异（Up Lim，2003）。在行业专利分布的测量研究上，最早在1970年，有学者通过帕累托系数对特定行业内各企业间的专利分布状况进行了研究（DS. Watson and MA. Holman，1970）。2004年，有学者基于美国专利引证数据，以美国半导体行业中的67家公司为样本，发明了"分散指数"，研究企业在扩大自己的专利组合规模时如何应对市场上潜在的技术阻碍问题，从而对企业专利申请活动的动机进行评估（Ziedonis，2004）。有学者通过利用分散指数测量专利丛林的密度，研究专利分散、专利许可和企业创新绩效之间的关系（Iain M. Cockburn et al.，2010）。

国内学者对专利分布状态的研究主要侧重于地理空间集聚的测量和比较上。有学者同时利用绝对指标（CR_n）和赫芬达尔指数对中国创新产出空间分布的区域集中程度进行了分析（罗发友，2004）。有学者利用 CR_n 和基尼系数测量了中国内地的专利空间分布状态（范丽娜，2005）。有学者运用 CR_n、标准差和基尼系数等指标对中美发明专利的区域分布进行了比较研究（刘凤朝、孙玉涛，2006；刘凤朝等，2009）。

综合现有研究，用于专利分散测量的数据包括专利申请量、授权量和引证次数等。测量方法可运用专利分散指数、专利三角引证法、帕累托系数、CR_n、赫芬达尔指数、基尼系数、首位度法、熵指数等。不同的方法对数据量和数据种类的需求都不相同。CR_n 需要统计的仅是排名前几位的专利权人的数据，其他方法都需要统计所有专利权人的数据。专利分散指数和专利三角引证法都需要利用专利引证数据进行统计和测量计算，其他方法则对专利引证数据没有要求。由于中国国家知识产权局不提供专利引证数据，因此测量国内高铁领域专利分布状态时，必须摒除需要引证数据的专利分散指数和专利三角引证法。其他方法中，基尼系数和熵指数都存在因计算过程复杂而计算结果不够直观且无直接经济意义，因此本书的研究中不涉及这几种方法的利用。本书对高铁专利分散的测量分为全球和中国两个范围，鉴于国内外可获取的专利数据种类的不同，结合上述方法的优劣分析，测量全球高铁专利分布时可采用专利分散指数和专利三角引证法，国内高铁专利分布状况的测量拟涉及帕累托系数、HHI 指数、CR_n 和首位度法。各种方法的意义、优劣及具体计算公式阐述如下。

（一）专利分散指数

专利分散指数最早由 Ziedonis 提出，用于评估企业专利申请活动的动机，探索企业在扩大自己的专利组合规模对市场上潜在的技术阻碍问题的应对措施。经 Iain M. Cockburn 等利用和修正以后，专利分散指数可表示为：

$$Frag_j = \frac{1}{N}\sum_{i=1}^{N}\left\{\left(1-\sum_{k=1}^{K}\left(\frac{references_{ijk}}{references_{ij}}\right)^2\right)\left(\frac{references_{ij}}{references_{ij}-1}\right)\right\}$$

(3-1)

式中，$Frag_j$ 表示技术领域 j 中的专利分散指数，$references_{ijk}$ 指公司 i 在技术领域 j 中引证其他公司 k 的专利数，$references_{ij}$ 指的是公司 i 在技术领域 j 中引证的专利总数，N 指技术领域 j 中总的公司数量。

Von Graevenitz 等学者随后进一步修正了该指数，为每个企业构建专利所有权的分散指数（Von Graevenitz et al.，2013），公式表示为：

$$Frag_i = 1 - \sum_{i=1}^{n}S_{ij}^2$$

(3-2)

S_{ij} 是指对于企业 j 持有的专利中，企业 i 所占有的关键引用文献的份额。在 Ziedonis 的研究成果的基础上，式（3-2）纠正了在企业拥有非常少的专利的情况下指数所产生的偏差。该公式表示，专利分散指数小就表明一个企业的专利组合中引用的现有技术集中在少数对手企业手中，反之亦然。例如，如果一个企业的所有引用都只涉及一个其他企业，那么测量得到的值为零。如果一个企业的引用多并且高度分散，那么指数值会接近于 1。相同的技术机会上包含越多，企业的专利指数就可能越大。因此，在一个技术领域中，该指数还可以代表竞争强度。

从上述公式可以看出，利用分散指数测量专利分布情况，计算过程比较烦琐，对数据的要求也较高，需要统计特定技术领域内每个公司之间的专利引证关系以及数量。

（二）专利三角引证法

专利三角引证法是 Von Graevenitz 等学者于 2011 年提出的，他通过计算特定技术领域内有引证关系的专利之间构成的三角关系或三元组（Triples）的数量，对技术领域或行业内的专利丛林密度进行了测量（Von Graevenitz et al.，2011）。三角引证关系的构成如图 3-7 所示。

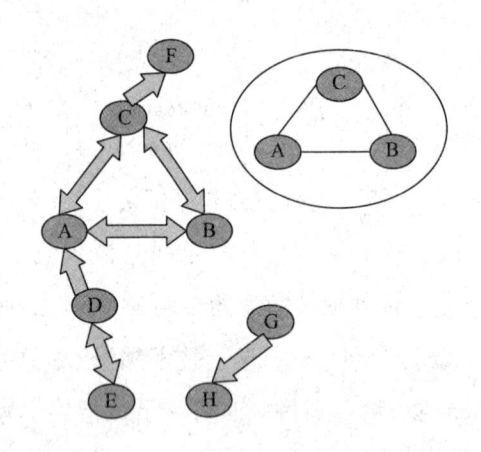

图3-7 三角引证关系

图3-7中,两个主体之间箭头互指(如A和B之间)表示双方存在互引。只有在三个主体之间,任意两个都存在互引关系,进而组成一个封闭的引证关系环的情况下,才能构成完整的三角引证关系(如A、B和C之间)。一般认为,三元组数量越多,专利丛林的密度就越大,专利越分散。虽然专利三角引证法对数据要求高,必须明确专利权人之间的互引关系,而且统计工作烦琐,但是,它是基于专利引证关系来测量专利丛林密度,所以在衡量全球专利分布状况时比较有优势。

(三) 帕累托系数

帕累托系数原是意大利经济学家帕累托发现的,用于度量收入分布不均衡的程度的指标,它用坐标曲线反映出"少数人的收入占总收入绝大部分,而多数人收入很少"的规律。把它用于专利领域,从二维视角反映专利分布的态势,如果少数人拥有的专利量占总专利量的绝大部分,那么专利分布就比较集中;相反专利分布趋于分散状态。运用帕累托系数衡量专利的分布,用公式表示为:

$$C = A(P - a)^{-\alpha} \qquad (3-3)$$

式中,P 表示一定数量以上的专利量,C 为拥有一定数量以上专利量的专利权人数，A 和 α 为待确定的参数，A 为大于 0 的常数，α 为帕累托系数，a 为最低专利数。α 值越大，专利分布趋势越集中；α 值越小，专利分布趋势越分散。

（四）赫芬达尔指数

赫芬达尔指数（HHI）是指一个技术领域或行业内各专利权人所持有的专利数量占专利总数的百分比的平方和，通过专利份额的变化反映行业内专利权人专利规模的分布状态。用公式表示为：

$$HHI = \sum_{i=1}^{n} S_i^2 \qquad (3-4)$$

公式中的 S_i 表示专利权人所占的专利份额。HHI 值越大，专利分布越集中，当一个技术领域或行业内所有专利都掌握在一个专利权人手里时，HHI 值为 1。虽然 HHI 对数据的要求较高，但它的优势也是明显的，除了反映了某个技术领域或行业内所有专利权人的相对规模和专利分布状态，它还可以不受专利权人数量和相对规模的影响，比较客观地体现专利分布的变化态势。

（五）CR_n

CR_n（专利集中度绝对指标）是由世界知识产权组织发布并被很多国内学者采用的专利集中度测量指标。这一指标计算的是行业内排名前 N 位的专利权人在技术领域中所占的份额，其计算公式表示为：

$$CR_n = \sum_{i=1}^{n} X_i \Big/ \sum_{i=1}^{N} X_i \qquad (3-5)$$

式中，CR_n 表示专利的集中度，X_i 为各专利权人拥有的专利数量，N 为所有专利权人的数量。绝对指标测量方法所需的数据易于取得，相对其他测量方法，它的计算也最简便。该方法的弊端就在于 n 的数量不同，得到的集中度也会不同，因此在利用时需要采取一定的方式增强其客观性和科学性。

（六）首位度法

首位度法用于衡量一个行业中不同名次的专利权人所占专利份额

的差距，能较好地反映某技术领域或行业内前几位专利权人之间的相对专利规模大小，测试过程简单，公式表示为：

$$S = \frac{P_1}{P_2} \qquad (3-6)$$

式中 P 表示一定数量以上的专利量，首位度表示专利数量最多和第二多的专利权人所占专利份额的差距，可以反映专利的集中程度。首位度值越大，说明与其他专利权人相比，专利拥有量排名靠前的专利权人，其专利规模优势越明显，在该技术领域或行业内影响力越大。

第五节　本章小结

本章主要阐述了技术集成特性和专利技术分散导致的中国高铁出口专利风险的发生。具体从以下几个方面展开。

第一，对中国高铁的集成创新过程和模式进行回顾和分析，并总结出中国高铁集成创新路径。中国政府的主导和统筹协调是中国高铁集成创新的重要特征以及取得成功的重要原因之一，中国高铁技术的集成从两个层面进行，国际层面的集成包括对外国技术的引进和学习；国内层面的集成则是集合政府、企业、高校及科研机构的主体、知识、资源和平台力量进行创新。

第二，从技术分析的视角分析中国高铁出口的主要专利风险来源。中国高铁出口专利风险发生的原因之一在于，中国高铁通过引进—消化—吸收—再创新的发展路径，在接受并消化所引进的国外高铁技术的基础上，集合外国企业的技术、高校科研院所的基础研究能力、高铁企业的技术研发和商业化能力进行的集成创新。相较外国企业高铁技术的在先研发和专利布局优势，作为技术追赶方的中国高铁，专利质量相对较低、布局不足。原因之二在于，高铁技术的复杂性导致的专利技术分散以及"专利丛林"现象的出现。

第三，对集成创新理论进行了概述，并对其导致的出口专利风险形成机理进行了叙述，包括外部知识产权是集成创新的基础以及国家和企业的技术后发劣势地位。

第四，对专利分散的理论渊源、导致出口专利风险的机理和专利分散测量方法进行了梳理。"反公地悲剧"理论可以为专利分散现象提供很好的解释，同时也说明了其中所包含的专利风险问题。鉴于本章对高铁专利分散的测量范围以及国内外可获取的专利数据种类的不同，主要阐释了专利分散指数和专利三角引证法、帕累托系数、赫芬达尔指数、CR_n 和首位度法。

第四章　集成创新下中国高铁出口的专利风险实证分析

第三章对中国高铁技术的集成创新背景、过程和特征进行了介绍，集成创新的特征包括技术结构和来源的复杂多样性、主体的多样性以及创新主体的后发劣势地位。针对集成创新的特征，本章将首先对集成创新条件下专利分析维度和方法进行梳理。基于全球高铁专利数据，从技术、竞争环境以及创新主体三个维度，对中国高铁在国际市场的后发劣势地位进行分析。之后，综合运用专利技术关联分析、专利引证分析以及专利组合分析方法，对基于集成创新的中国高铁技术出口专利风险加以讨论和预测。

第一节　集成创新下的专利信息分析方法

利用专利信息制作专利地图，对技术创新以及专利风险加以预测的现有研究，通常从技术生命周期和创新主体两个维度出发。对特定技术生命周期的探索用于分析在早期技术、成长技术、成熟技术、衰退技术四个不同阶段，技术创新以及专利风险的不确定情况。通过创新主体及其创新能力的研究则可以帮助企业了解特定技术领域中不同技术分支创新以及专利风险的大小,为企业的技术研发方向提供一定的参考。本书因涉及出口,需要对全球的技术竞争环境加以分析,从而了解企业的产品进入国外市场面临的专利风险。由于技术集成的实现需要着眼于创新的客体、主体和平台等,通过对技术要素、研发人员和研发平台等诸多要素的集成实现技术集成(张华盛、薛澜,2002)。技术的集成包含技术要素的集成,因此,对各技术之间的相关程度进行分析,了解重要及热点技术领域的技术分布情况,可以为出口专利风险的认识提供依据。集成创新意味着创新主体与外部主体之间互动和协同的情形(张军荣、袁晓东,2013),创新主体技术地位的分析也是进行专利风险预测所必不可少的。综上,竞争环境、技术关联性和依赖性以及国内创新主体的技术地位是探测出口专利风险的三个专利分析维度,从市场层面分析技术的布局情况,锁定特定市场里具有竞争力的创新主体,进而了解企业的竞争环境;通过技术之间关联度的计算锁定重要技术领域,探索相关企业的技术机会和前景,以及领域中的专利风险;通过分析创新主体之间重要技术领域的专利互引情况,锁定技术强势企业,判断国内企业在相关技术领域中所处的专利技术位置以及可能面临的出口专利风险。

一 专利信息分析方法概述

上述三个维度的探索拟综合运用专利技术关联分析、专利引证分析以及专利组合分析加以实现。

(一)专利技术关联分析

关联分析是指如果两个或多个事物之间存在一定的相关性,那么通过其他事物就可以对其中一项事物的规律或特性进行预测(Agrawal R., etc., 1993),目的是从庞大的数据中挖掘出事物之间的相关联系,也可适用于专利数据的分析。一项专利文献中通常包含多个国际专利分类号（IPC），多个 IPC 共存于一项专利的情况说明这些 IPC 分类号所代表的技术领域之间是相关的。一个技术或者行业包含了海量的专利数据，运用关联分析可以发掘相关技术之间的关联度，进而确定不同创新主体或专利权人之间的技术相关性，初步断定创新主体在整个行业中所处的研发地位，为企业预测进入相关市场将面临的专利风险提供一定的参考。

支持度和置信度是关联规则的衡量要素，利用关联规则对专利数据进行挖掘分析用公式描述如下。

$$Support(A \rightarrow B) = \frac{frequency(A \cup B)}{frequency(D)} \qquad (4-1)$$

$$Confidence(A \rightarrow B) = \frac{frequency(A \cup B)}{frequency(A)} \qquad (4-2)$$

式（4-1）中的关联度表示在专利数据总集 D 中，IPC 分类号 A 和 B 同时出现的概率；式（4-2）中的置信度表示在所有包含 IPC 分类号 A 的子集中，会同时出现 B 的概率。

（二）专利引证的社会网络分析

集成创新活动具有较强的继承性，它的实现通常是基于已有的研究成果。专利引证数据是最能体现技术之间的继承性、连续性和累积性的，同时能体现专利背后的技术质量。本节拟基于专利引证数据，利用社会网络分析法构建专利引证网络，从而更直观地观测创新主体以及相关技术在整个行业中的地位。

社会网络分析是从社会学的视角对有形实体之间相关关系进行分析，是国外从 20 世纪 30 年代末出现并在最近二十多年得到重要发展的研究社会结构的最新方法和技术。随着应用领域的不断扩展，近年来已有学者将其用于专利数据的分析。有学者基于对日本专利数据的考察，发现专利网络的度分布服从幂分布，通过企业间的联系网络，某个企业可以与其他企业取得关联（Inoue H., Etc., 2007）。还有学者运用专利数据考察创新合作的地理网络，并基于制作的地理网络对创新产出的作用进行研究（Lobo J., Strumsky D., 2008）。

社会网络数据中的基本关系测量方法包括中心度和密度。中心度分为整体中心度（global centrality）和局部中心度（local centrality）。整体中心度指的是网络中的某一点在总体网络中的突出性和战略重要性。根据各个点之间的接近性（closeness），即不同点之间的距离，可以计算出图中某点与其他各个点之间的最短距离之和。局部中心度表示的是局部某点对其邻近点而言的相对重要性。测量仅仅根据与该点直接相连的点数，忽略间接相连的点数。密度是指测量网络中 n 个客体之间互相关联的程度。根据不同的关系，密度有着不同的表达式。

无向图的密度表示为：

$$D = \frac{l}{n(n-1)/2} \quad (4-3)$$

其中，l 为网络图中客体之间实际的连接数，n 为点数。

有向图的密度表示为：

$$D = \frac{l}{n(n-1)} \quad (4-4)$$

其中，l 为网络图中客体之间实际的连接数，n 为点数。

上述两个密度计算公式的区别在于分母的不同。在同一 n 值社会网络中，有向连接数是无向连接数的两倍。

用于专利分析时，可以通过密度和中心度的测量，锁定整个专利网络中占据重要地位的技术分支领域以及专利权人。对目标市场中的竞争对手及其重点领域的把握，有助于预测企业进入该市场面临的专利风险。

（三）专利组合分析

德国学者 Holger Ernst 于 1998 年首次提出专利组合理论，从企业和技术两个层面设定一系列专利指标，是一种利用专利数据进行技术投资组合的分析方法。专利组合指标的评价项目有专利活动、专利质量、技术吸引力、专利位置和专利强度等。评价项目常用的指标包括专利申请量、专利授权率、技术范围、引证频率、专利被引证率、技术规模、相对技术优势、相对技术整合能力等。综合考虑数据获取、指标的可操作性以及结果对于主题的针对性，本书拟利用技术份额、相对技术优势、相对技术整合能力三个指标，对特定国家市场的主要竞争对手的专利情况进行综合分析。

技术规模（TFS，Technology Field Scale）指标可以通过计算特定领域某企业专利申请量占整个技术领域专利申请量的比重大概识别某企业在整个技术领域中的重要性。本书是从技术层面出发，希望通过技术份额指标锁定重要技术领域。因此，技术份额（TFS，Technology Field Scale）指标的计算是基于IPC分类号出现的频率。以某IPC分类号出现频率在所有IPC分类号出现频率中的占比，来衡量某个技术领域的重要性，用公式表示为：

$$TFS_{ij} = Fre(IPC_{ij})/Fre(IPC_{aj}) \qquad (4-5)$$

式中 TFS_{ij} 表示 j 行业中技术领域 i 的技术份额，$Fre(IPC_{ij})$ 表示 j 行业中的 IPC 分类号 i 出现的频率，$Fre(IPC_{aj})$ 表示 j 行业中所有 IPC 分类号出现的频率。

相对技术优势（RTA，Relative Technology Advantage）作为技术能力的衡量指标，在技术创新中的运用较为广泛（Schmosh U.，1995），计算公式表示如下。

$$RTA_{ij} = T_{ij}/\sum_{j}^{n}T_{ij}/(\sum_{j}^{m}T_{ij}/\sum_{ij}^{n}T_{ij}) \qquad (4-6)$$

式中 RTA_{ij} 表示申请人 j 在技术领域 i 中的相对技术优势值，而 T_{ij} 表示专利权人 j 在技术领域 i 中的专利数量，专利申请人总数为 n，技术领域总数为 m。

企业的技术整合能力在集成创新中显得尤为重要，它是外部知识的吸收得以成功的保证。相对技术整合能力（RTIC，Relative Technological Integration Capability）指标用于测量企业对交叉技术领域的相对整合能力（Ming - Yeu Wang，Etc.，2009），用公式表示如下。

$$RTIC_{ij} = F_{ij} / \sum_{j}^{n} F_{ij} / (\sum_{j}^{m} F_{ij} / \sum_{ij}^{n} F_{ij}) \qquad (4-7)$$

式中 F_{ij} 表示专利权人 j 的 IPC 分类号 i 与其他 IPC 分类号共同出现的频率，专利申请人总数为 n，技术领域总数为 m。

二 数据来源及基本描述

本书的数据来源于德温特专利数据库（DII），并以 Innography 专利信息检索平台进行结果的互佐与验证。德温特专利数据库是由 Thomson Derwent 与 Thomson ISI 公司共同推出的基于网络的专利信息数据库，其中包含 100 多个国家自 1963 年以来的 2000 多万条专利信息。Innography 是 ProQuest Dialog 公司推出的基于网络的最新专利检索与分析平台，其中包含 70 多个国家的同族专利信息、美国专利诉讼信息、商业数据等。

通过阅读文献及试检索，最终确定"high - speed rail""high - speed railway""high - speed train""bullet train"为关键词进行专利检索，然后以 IPC 分类号限定检索结果，剔除不相关的专利。截至 2015 年 5 月 31 日，从 Innography 平台检索出共计 20323 条专利，德温特专利数据库的检索结果为 19684 条专利。由于数据覆盖面及更新时间的不同，两个平台的检索结果稍有出入，但是仍能互相验证结果的客观性（冯灵等，2015）。

国际专利分类号（IPC）是一种世界公认的技术分类系统，也被较为普遍地用于专利分析中，以表示相应的技术领域。德温特数据库涵盖了全球众多不同国家的专利数据，由于国家/地区专利局应用 IPC 的方式可能不同，因此在多个国家/地区获得专利的同一个发明可能具有不同的 IPC。为解决这一问题，对不同的技术领域，德温特专家提供了由独特的分类代码组成的分类系统。在德温特分类代码系统中，所有技术均涵盖在 20 个学科类别内，这 20 个学科分别被指定为 A – M（化学）、P – Q（工程）和 S – X（电气和电子）。为减小分析结果的误差，本书的分析均以德温特分类代码代替 IPC 分类号来表示相应的技术领域。

基于技术生命周期理论，通过专利申请量与专利申请人数量的时序变化分析，可以预测技术的成熟度，为技术机会的识别提供决策信息。如图 4-1 所示，高铁技术自 2004 年开始快速发展，专利申请量和专利申请人数都持续上升，尤其在 2007 年以后更多研发主体进入该领域，该专利技术进入快速发展时期，有较大的发展动力和潜力。

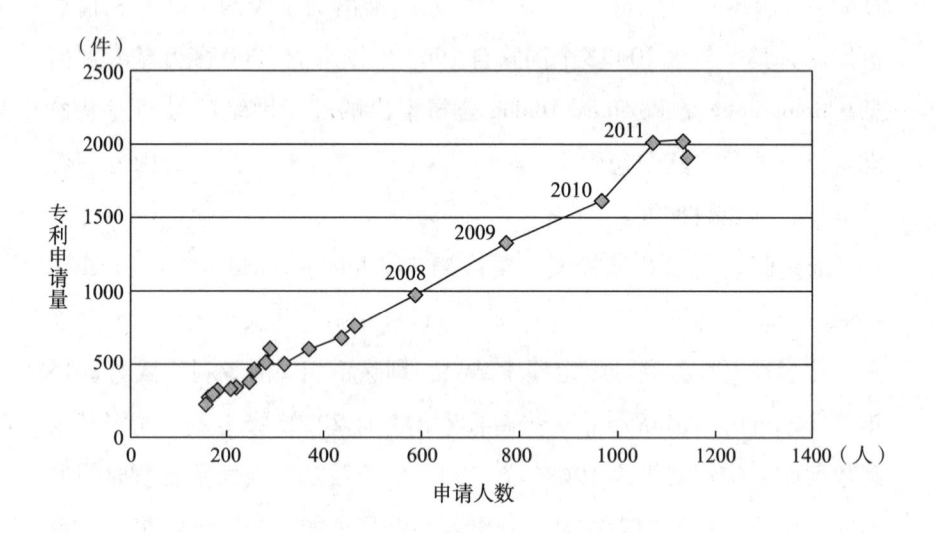

图 4-1　高铁技术生命周期

资料来源：笔者根据德温特专利数据库检索结果统计所得。

根据高铁的发展历史，20 世纪 60—90 年代是高铁技术的研发和建设的开端，这一时期可以被视为高铁的萌芽期，在这一时期内，进入企业进行技术创新的研发投入较大，且基本属于原始创新，虽然创新的难度和风险较高，但是高铁技术的专利较少、权利人比较集中、专利阻碍小，专利权的获得以及专利侵权的风险都较小。图 4-1 的高铁技术生命周期图显示，20 世纪 90 年代到 2004 年以前，专利申请量改变幅度较小且有增有减,专利申请人数保持缓慢增长的趋势,说明这一阶段高铁行业进入者在增加,技术处于成长期,这一时期专利获取难度较前一阶段大,专利侵权的风险也有所增加。2004—2013年,专利申请量和申请人数在2013年以前都保持较大的增长幅度,2013年申请人数开始减少,说明专利格局已经形成,高铁技术进入成熟阶段。此时进入该领域的企业,虽然有在先进入者提供的良好技术基础,创新难度降低,但是积累创新和改进创新较多,且前人构筑的专利网会使后来者面对难以跨越的专利阻碍,专利权获取难度增大,专利侵权风险增加。

高铁是一项复杂集成的产品,它的专利技术构成是一个庞大的体系。从一个复杂的技术体系中,发掘重点及热点技术领域,对技术机会的发掘以及不同领域的专利风险的认识至关重要。本节利用 CiteSpace 软件分析专利文献中关键词的词频,以此作为热点领域的确定标准。通过 CiteSpace 软件绘制出的关键词共现知识图谱可以展现一定时期内相关文献集中反映的热点词汇,虽然关键词在一篇专利中所占篇幅不大,却是专利文献的核心,是对专利技术的高度概括与集中描述(Bailon Morenor, et al., 2005)。因此通过专利的关键词分析确定高铁行业重点技术领域,具有一定的科学性和客观性。

受软件功能的限制,德温特专利检索数据需进行格式转换,才能适用该分析软件。将德温特专利数据库得到的所有专利题录数据转换成软件能识别的 Wos 数据之后,导入软件中。在导入软件的数据中选取 1994—2014 年的数据进行深入的文本挖掘,分析的时间间隔为 1 年,阈值设定为 (2, 3, 15) (3, 3, 20) (3, 3, 20),其他按照默认选择。运行软件对高铁行业的专利关键词进行了分析,并生成高铁领域专利关键词共现知识图谱(见图 4-2)。图中关键词共现的频次越多,圆形节点直径越大。出现频次较多的关键词,在一定程度上可以代表高铁领域的技术热点领域。

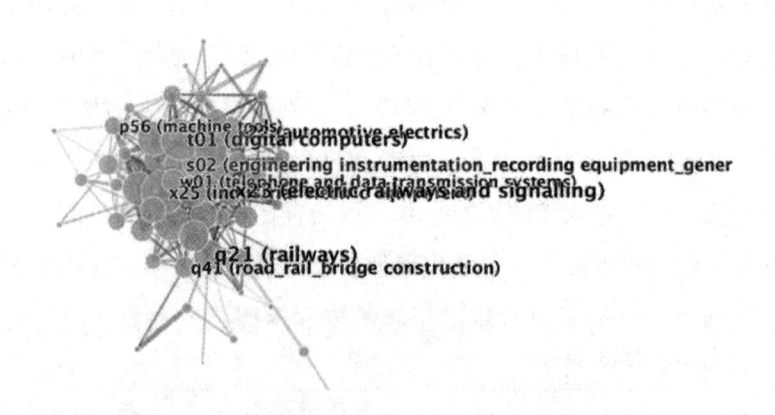

图 4-2 高铁领域专利关键词共现知识图谱

资料来源：CiteSpace 软件分析结果。

从图 4-2 可以看出，德温特手工代码 x23（electric railways and signalling）电气化列车牵引及信号领域的节点最大，代表其出现的频次最多，其次是 q21（railways）铁路领域，前期检索的就是铁路及列车相关的专利，所以这两个关键词频次最高也是预期之中的。随后出现频次最高的是 t01（digital computers），它所代表的是电脑控制领域，说明高铁的电脑控制是高铁领域的一个热点技术。图中还包含了 s02（engineering instrumentation，recording equipment，general testing methods）工程及测试领域、q41（road，rail，bridge construction）公路铁路桥梁结构领域、x22（automotive electrics）机车电器系统领域、x25（industrial electric equipment）工业电器设备领域，等等。

关键词频次可以反映一个领域中的热点技术，而中心度的值则可以表示一个技术在整个技术网络体系中的位置。中心度越高，与其连接的节点越多，说明该技术越重要。结合中心度值和关键词的频次，提取了整个技术领域中相对重要和基础的十个技术（见表 4-1）。

表 4-1　　　　　　　　　高铁重点基础技术领域

德温特手工代码	技术领域	频次	中心度
x25	industrial electric equipment	935	0.25
q21	railways	1849	0.17
t01	digital computers	1540	0.16
x12	power generation and high power machines	374	0.12
q41	road, rail, bridge construction	985	0.10
w02	broadcasting, radio and line transmission systems	496	0.10
x23	electric railways and signalling	1989	0.08
x22	automotive electrics	944	0.07
s02	engineering instrumentation, recording equipment, general testing methods	1020	0.05
w01	telephone and data transmission systems	592	0.03

资料来源：笔者根据德温特专利数据库的检索结果整理所得。

如上表所示，x25 的中心度最高，关键词频次也比较靠前，说明它是跨领域交叉的基础性技术，同时也是高铁领域利的一个较热点的技术，技术发展前景和机会较好。其次是 q21 和 t01，这两个技术同时具备高频次和高中心度的特征，也表现出了较重要的地位和较好的技术前景。

利用 CiteSpace 软件构建高铁领域重点技术发展的时区图（见图 4-3），以便更清晰地描述技术的演进轨迹。结果显示，早期的技术发展呈百花齐放的形式，各种技术并进发展，随着时间的推移，创新主体的研发越来越集中于重点技术领域，如 x25、q21 和 t01。

以上述三个技术为例，本书依据德温特专利数据库的检索结果将它们的发展过程绘制成图 4-4。如图 4-4 所示，2007 年以前的技术发展一直呈平稳缓慢上升的趋势，2007 年以后，三个技术的专利数量急速增长。这一变化趋势与 CiteSpace 软件呈现的时区图结果是相符的，从而基于时间动态的角度，说明了这三个技术所蕴含的技术机会和发展潜力是不容忽视的。

图 4-3 高铁领域技术演进时区

资料来源：CiteSpace 软件分析结果。

注：抛物线表示特定技术，柱状表示专利技术出现的频次。

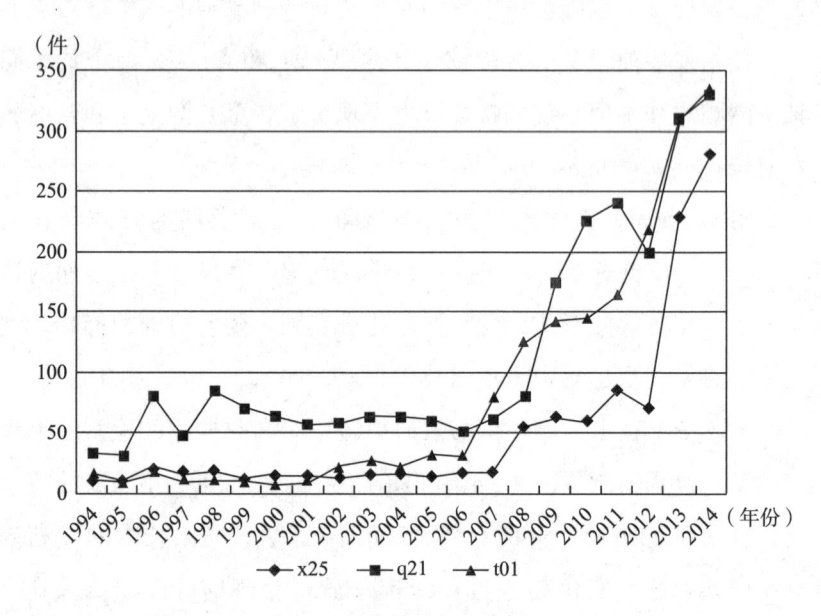

图 4-4 高铁重要技术专利申请发展趋势

数据来源：笔者根据德温特专利数据库的检索结果统计所得。

第二节　技术集成中的中国高铁出口专利风险因素

中国高铁集成技术创新模式决定了参与创新的主体的多样化，而高铁技术构成的复杂导致技术和知识的来源也是多样的。在创新主体增加以及技术和知识交叉互补的环境下，专利权容易出现分散的问题；专利权人之间的互相制约有可能阻碍企业研发和创新的进展，使后发劣势企业存在专利许可和侵权的不确定性风险。在国内，由于政府的统筹干预以及技术引进过程中对外国和国内企业的条件限制，同时相对美国等国家，中国专利法对于专利侵权的赔偿数额较低，权利人维权积极性相对较低，所以企业在国内面临的专利风险相对较低。然而，高铁技术和产品出口到外国市场以后，企业如果没有周全的专利布局以及强大的专利组合，在面对竞争对手的专利布局时，容易陷入对方的"专利陷阱"并发生专利侵权风险。

熊彼特对创新的定义是资源的"重新组合"，其中的资源可以归纳为市场资源、技术资源和人力资源。基于此，本节对于集成创新下中国高铁出口的专利风险因素的分析，将从市场竞争环境、技术依赖性和创新主体技术地位三个维度展开。

一　市场竞争环境

从市场层面分析技术的布局情况，有助于锁定特定市场里具有竞争力的创新主体，进而了解企业的竞争环境。从创新主体的角度出发，可以发现潜在的技术对手以及技术的市场环境，为发掘技术机会并制定自身的技术创新策略提供依据。本章以专利相关度和专利数量为衡量指标，结合二手资料的阅读，选取了 Hitachi、中国南车、Mitsubishi、西南交通大学、Toshiba、NEC、Simens、KRRI、Bombardier、Kawasaki 作为高速列车领域主要的创新主体，分析其专利技术实力（冯灵等，2015）。专利的海外申请量和海外申请率被学者们普遍认作专利价值和企业技术实力的重要评价指标。出于对专利维持成本的考虑，海外专利布局的规模越大，说明专利价值越高；相应地，企业的技术实力越强（Sun, Y., 2003）。因此，企业申请的海外专利数量越高，说明其技术实力越强。

表4-2 高铁主要专利主体海外申请情况 单位：件

专利申请人 \ 申请国别	专利申请总数	日本	美国	中国	EPO	韩国	WIPO	英国	德国	澳大利亚	印度	加拿大	中国台湾	海外申请率
Hitachi	390	390	37	23	16	5	3	0	0	2	0	2	1	23%
中国南车	236	236	0	235	0	0	1	0	0	0	0	0	0	0.4%
Mitsubishi	165	165	16	15	8	7	5	0	0	1	2	7	1	36%
西南交通大学	159	159	0	159	0	0	0	0	0	0	0	0	0	0
Toshiba	130	130	18	6	6	0	0	4	1	0	0	2	2	30%
NEC	125	125	17	4	2	2	1	3	0	0	0	1	0	24%
Simens	120	120	12	10	13	1	3	31	34	5	0	1	0	72%
KRRI	112	0	0	0	0	112	0	0	0	0	0	0	0	—
Bombardier	108	2	14	28	18	0	14	0	18	2	0	2	0	98%
Kawasaki	104	75	16	3	4	0	0	2	0	1	1	2	0	28%

资料来源：笔者根据德温特专利数据库检索结果统计计算所得。

统计结果显示，中国的创新主体中国南车和西安交通大学虽然在专利数量上占一定优势，但是海外申请率极低，同是专利申请量靠前的外国企业，海外申请率显著高于中国专利申请主体。上述情况从一定程度上说明外国企业的专利质量和专利布局范围都高于中国专利申请主体。此外，美国、日本和中国是十大主体的重要专利申请国，它们在三个国家的专利申请占了其专利申请量的极大比例。由此可见，这三个国家是各国企业专利布局的重点目标，因此技术竞争较为激烈，同时也意味着这几个国家是重要的市场，蕴含的技术机会也相对较多。此外，中国主体进入这些国家市场时专利权的获得难度和侵权风险都会较大，需要关注专利的侵权规避问题。

日本、美国和德国作为高铁技术的领先国家，是中国高铁技术引进的来源国和学习对象，从国家层面分析专利技术的区域分布状况，可以为中国高铁技术的市场走向提供一定的参考作用。

中国作为高铁技术的后发国家，在引进吸收外国技术之后，高铁行业获得了快速的发展。高铁专利数量的激增是行业进步的一种体现，但是仅有1%的海外申请率，说明中国的高铁技术实力还不够强大，特别是在高铁走出国门之后，容易产生专利侵权纠纷。表4-2中，日本、美国和德国高铁专利的海外申请率远高于中国，同族专利的庞大一方面可以说明其专利质量高，另一方面说明发达国家的技术成熟度较高且完成了全面的专利布局。这些国家海外专利布局网络越大，对中国来说，竞争环境越激烈，意味着中国高铁出口的专利许可或侵权的概率增大，研发及上市成本上升。对专利申请状况的时间趋势分析可以发现，中国主体自2005年已经开始进行海外专利的申请，并于近几年持续增加，这一现象说明中国高铁行业意识到海外市场所蕴含的技术机会，同时有技术能力开始海外专利的布局。

从表4-2和表4-3的统计结果可以发现，无论是从中观层面（企业、高校或科研机构）还是国家层面，中国南车0.4%的高铁海外专利申请率远远低于外国企业20%以上甚至98%的海外专利申请率，整体来看，中国1%的海外专利申请率也远低于日本、美国、德国和韩国。这样的专利布局现状体现了中国作为后发国家，技术起步较发达国家晚，虽然近年技术追赶势头强劲且呈现赶超趋势，但是取得的专利成果基本限于国内范围。随着中国高铁"走出去"战略的实施，缺乏强大海外专利保护会大大增加中国企业进入国际市场的专利侵权风险。

表 4-3　　　　　　　　　　高铁专利国家分布

海外申请国＼本地申请国	专利申请	中国	日本	美国	德国	韩国	WIPO	EPO	海外申请率
中国	10689	10539	14	32	3	18	49	19	1%
日本	3807	183	3024	282	13	59	29	108	21%
美国	2018	114	293	897	19	62	166	133	56%
德国	1177	75	78	132	481	16	44	159	59%
韩国	1072	30	41	33	3	931	14	9	13%

资料来源：笔者根据德温特专利数据库的检索结果统计计算所得。

二 技术依赖性

根据德温特专利数据库检索结果，与高铁相关的德温特手工代码有227个，而德温特手工代码的总数为288个，高铁相关的占了总数的79%，这个比例初步体现了高铁技术结构的庞大和复杂程度。结合上一节分析得出的高铁重点技术领域，从高铁相关的227个德温特手工代码中选取出现频次排名前10、涉及专利占总专利数量80%的代码，对它们之间的关联性进行统计。这10个代码分别是x23（对应B60L及B61L）、q21（对应B61）、t01（对应G06）、q41（对应E01）、s02（对应G01）、x25（对应H05B及F27）、x22（对应H02B）、p56（对应B23）、w01（对应H04）、q64（对应F16）。

利用技术关联性计算公式得出10个技术之间的关联结果如下。

根据表4-4的计算结果，x23与q21、t01、s02之间的关联性比较强，它们之间的技术关联度都高于1%。此外，q21与q41之间、t01与s02、w01之间也具有较强的关联性。选取的10个技术中，有9

个相互之间存在较强的关联性，高铁技术的复杂性以及技术之间的互补性也得到了验证。

为了解国内外重要高铁企业在这上述 10 个技术领域的技术优劣情况，将第三章提到的技术规模（Technology Field Scale，TFS）、相对技术优势（Relative Technology Advantage，RTA）和相对技术整合能力（Relative Technological Integration Capability，RTIC）指标作为三个维度，对 Hitachi、中国南车、Mitsubishi、西南交通大学、Toshiba、NEC、Simens、KRRI、Bombardier、Kawasaki 十大创新主体进行专利组合分析，对它们的技术地位进行描述。根据式（4-5）至式（4-7）的计算结果，将创新主体的 RTA 和 RTIC 值均大于 1 的技术领域视为其相对优势领域（邓洁等，2013）。为了能直观地呈现十大创新主体的技术地位，笔者根据他们在上述 10 个特定重点技术领域 TFS、RTA 和 RTIC 指标值的统计和计算结果绘制了专利组合矩阵图（见图4-5）。

表 4-4　　　　　　　　　　高铁专利技术关联分析

技术领域 (A→B)	关联度 S (%)	置信度 C (%)	技术领域 (A→B)	关联度 S (%)	置信度 C (%)	技术领域 (A→B)	关联度 S (%)	置信度 C (%)
x23→q21	1.93	13.02	q41→s02	0.17	2.27	x22→p56	0.01	0.17
x23→t01	3.19	21.57	q41→x25	0.02	0.31	x22→w01	0.31	5.74
x23→q41	0.67	4.52	q41→x22	0.06	0.86	x22→q64	0.40	7.32
x23→s02	2.49	16.83	q41→p56	0.02	0.24	p56→x23	0.01	0.33
x23→x25	0.22	1.51	q41→w01	0.01	0.12	p56→q21	0.11	2.75
x23→x22	0.94	6.37	q41→q64	0.01	0.18	p56→t01	0.15	3.52
x23→p56	0.01	0.09	s02→x23	2.49	36.15	p56→q41	0.02	0.44
x23→w01	0.89	6.03	s02→q21	0.31	4.49	p56→s02	0.04	0.88
x23→q64	0.02	0.15	s02→t01	1.82	26.44	p56→x25	0.84	20.37
(A→B)	S (%)	C (%)	(A→B)	S (%)	C (%)	(A→B)	S (%)	C (%)
q21→x23	1.93	13.04	s02→q41	0.17	2.45	p56→x22	0.01	0.22

续表

技术领域	关联度	置信度	技术领域	关联度	置信度	技术领域	关联度	置信度
q21→t01	0.20	1.36	s02→x25	0.22	3.17	p56→w01	0.00	0.11
q21→q41	2.65	17.90	s02→x22	0.83	12.03	p56→q64	0.05	1.32
q21→s02	0.31	2.10	s02→p56	0.04	0.53	w01→x23	0.89	24.05
q21→x25	0.23	1.54	s02→w01	0.15	2.12	w01→q21	0.07	1.84
q21→x22	0.07	0.49	s02→q64	0.04	0.53	w01→t01	1.49	40.25
q21→p56	0.11	0.77	x25→x23	0.22	3.31	w01→q41	0.01	0.25
q21→w01	0.07	0.46	x25→q21	0.23	3.38	w01→s02	0.15	3.93
q21→q64	0.20	1.33	x25→t01	0.53	7.90	w01→x25	0.01	0.37
t01→x23	3.19	31.22	x25→q41	0.02	0.34	w01→x22	0.31	8.47
t01→q21	0.20	1.96	x25→s02	0.22	3.24	w01→p56	0.00	0.12
t01→q41	0.19	1.83	x25→x22	0.15	2.23	w01→q64	0.00	0.12
t01→s02	1.82	17.82	x25→p56	0.84	12.49	q64→x23	0.02	0.64
t01→x25	0.53	5.21	x25→w01	0.01	0.20	q64→q21	0.20	5.54
t01→x22	1.21	11.85	x25→q64	0.17	2.50	q64→t01	0.06	1.80
t01→p56	0.15	1.43	x22→x23	0.94	17.22	q64→q41	0.01	0.39
t01→w01	1.49	14.61	x22→q21	0.07	1.33	q64→s02	0.04	1.03
t01→q64	0.06	0.62	x22→t01	1.21	22.13	q64→x25	0.17	4.77
q41→x23	0.67	9.00	x22→q41	0.06	1.16	q64→x22	0.40	11.34
q41→q21	2.65	35.58	x22→s02	0.83	15.14	q64→p56	0.05	1.55
q41→t01	0.19	2.51	x22→x25	0.15	2.75	q64→w01	0.00	0.13

资料来源：笔者根据德温特专利数据库检索结果手工统计计算所得。

图4-5中不同图案的圆圈代表不同的创新主体，同种图案的圆圈所处的不同位置表示同一主体分别在10个不同的技术领域的相对技术优势和相对技术整合能力。其中，横轴代表的是TFS指标，即技术的相对规模或份额；纵轴代表的是RTIC指标；RTA指标则由圆圈的面积大小来显示。因此，对图4-5的解读主要根据圆圈的面积和分布的位置进行，圆圈的面积越大且位置越靠近右上方，说明该创新主体在特定重点技术领域占据技术优势地位且具有相对较强的技术整

合能力。根据统计和计算结果可以对十大创新主体在各技术领域的优劣势大概描述如下。

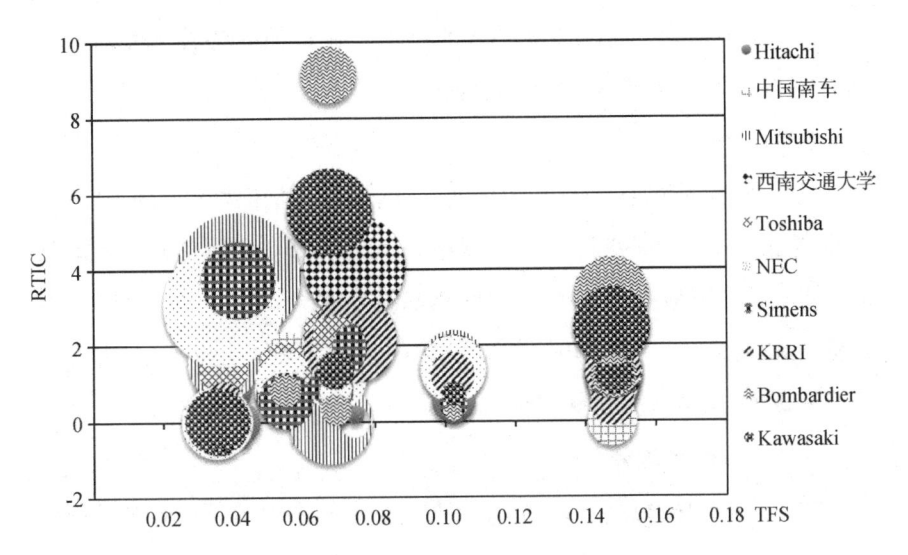

图 4-5　十大创新主体专利组合分析矩阵

资料来源：笔者根据德温特专利数据库检索结果手工统计计算所得。

（一）Hitachi

Hitachi 是高铁专利覆盖了全部 10 个特定重点技术领域的创新主体之一，但是并非在这 10 个领域中都占据技术优势地位。在 q21 和 q64 这两个技术领域中，Hitachi 拥有相对技术优势和较强的技术整合能力，q41 和 s02 是其相对弱势的技术领域。

（二）中国南车

中国南车的高铁专利覆盖了 x23、q21、t01、s02、x25、x22、w01 共 7 个技术领域，相对其他创新主体，t01、s02 和 x22 是其相对优势技术领域，并且有较强的技术整合能力；而在 x23、x25 和 w01 上呈现比较弱势的状态，q41、p56 和 q64 则呈专利空白状态。10 个特定重点技术领域中，有 3 个中国南车未涉及，还有 3 个相对比较弱势，根据表 4-4 的高铁专利技术关联度分析结果，t01、s02 都与 x23

有着较高的关联度（分别为3.19%和2.49%），当某一专利中存在x23时，t01出现的概率为21.57%，s02出现的概率为16.83%，因此，x23是中国南车特别需要整合的技术，在其他弱势技术领域也可能需要与其他创新主体进行专利合作。

（三）Mitsubishi

Mitsubishi是除Hitachi以外，另一个高铁专利覆盖了全部10个特定重点技术领域的创新主体。Mitsubishi在x23、t01、p56、w01和q64领域中都有较强的相对技术优势和技术整合能力；q21是其相对弱势技术领域，但是与其他创新主体相比，差距并不明显。由此来看，Mitsubishi是十大创新主体中，综合技术实力较强的企业。

（四）西南交通大学

除x25和q64以外，10个特定重点技术领域中的其他8个西南交通大学都有专利涉及。其中，t01、q41、p56和s02是其相对优势技术领域且技术整合能力也较强，在x23和x22上有相对技术优势，但是技术整合能力略显不足，而q21和w01是其相对弱势技术领域。由于关联度分析结果显示t01与q21、w01都有较强的关联性，分别为2.65%和1.49%，因此，q21和w01是其需要整合的技术领域。

（五）Toshiba

Toshiba在10个特定高铁相关重点技术领域中的专利涉及了除q41和p56以外的其他8个技术领域，且同时在x23、t01、x25、x22、w01都具有较强的相对技术优势和技术整合能力；在q21领域虽然相对技术优势不足，但技术整合能力较好。说明Toshiba的专利虽然不是直接体现在铁路工程上，但是所涉及的技术都与铁路密切相关。Toshiba仅在s02领域处于劣势地位。

（六）NEC

10个特定重点技术领域中，q41、x25和p56是NEC的专利空白技术领域。t01、s02、x22和w01是其相对技术优势和技术整合能力都较强的技术领域，对于 q64 虽然有相对较强的技术能力；但是技术整合能力薄弱，q21 是其整体处于劣势地位的技术领域。根据表 4-4 的高铁专利技术关联分析结果，与 t01 关联度较高的技术领域包括 s02、x22 和 w01。由此看来，NEC 虽然技术领域涉猎不广，但是侧重发展特定及关联技术领域并取得较好的成效。

（七）Simens

Simens 在 x23、q21、q41、x25 和 p56 领域的相对技术优势和技术整合能力都较强，在 x22 领域占据相对技术优势；但是技术整合能力不足，t01、s02 和 w01 是其弱势技术领域，在 q64 领域存在专利空白。高铁专利技术关联分析结果发现，x23 与 t01、s02 都有较高的关联性（分别为 3.19% 和 2.49%），当某一专利中存在 x23 时，t01 出现的概率为 21.57%，S02 出现的概率为 16.83%。因此，t01 和 s02 是西门子有必要通过专利合作或许可等手段进行整合和吸收的技术领域。

（八）KRRI

10 个特定重点技术领域中，KRRI 的高铁专利仅涉及 x23、q21、t01、q41、s02 和 w01 共 6 个技术领域，且在 x23、q41 和 s02 领域具有较强的相对技术优势和技术整合能力，在 t01 上有较强的技术整合能力；但相对技术优势稍有不足，q21 及 w01 是其弱势技术领域。总体来看，KRRI 在高铁上涉及的专利技术范围相对其他主体比较窄，但是所涉技术领域发展势头比较强劲。x23 与 q21 之间有较高的关联性（1.93%），某一专利中存在 x23 时，q21 出现的概率为 13.02%，因此，在现有的专利组合基础上，KRRI 最有必要整合的技术是 q21。

（九）Bombardier

与 KRRI 一样，在 10 个高铁相关的特定重点技术领域中 Bombardier 也仅涉及了 6 个，包括 x23、q21、t01、s02、x25 和 x22。根据专利组合的统计和计算结果，Bombardier 相对技术优势和技术整合能力较强的领域是 x23、q21 和 x25，弱势技术领域包括 t01、s02 和 x22， q41、p56、w01 及 q64 是其专利空白技术领域。就 x23 与 t01、s02 之间以及 q21 与 q41 之间的高关联性来看，Bombardier 在其弱势技术领域上也需要进行对外专利合作以及技术的整合。

(十) Kawasaki

10 个特定高铁重点技术领域中，Kawasaki 的专利涉及领域包括 x23、q21、t01、s02、x25 和 q64，其中技术相对优势和技术整合能力都较强的领域有 q21 和 x25，在 x23 和 s02 领域虽然技术相对优势不够，但整合能力较强，t01 是其弱势技术领域。

对排名前 10 创新主体的专利组合分析发现，除了 Hitachi 和 Mitsubishi 以外，其他创新主体在高铁技术上的专利并未涉及所有 10 个特定技术领域。每个创新主体都有自己较为强势和弱势的技术领域，技术之间的互补性使企业之间体现出了技术资源的异质性和依赖性。技术的互补性和依赖性迫使企业在进行技术研发和产品的生产时，必须跨越众多专利阻碍，因此，专利潜在侵权风险增加。拥有竞争对手需要的专利技术，可以与对方相互制约，通过技术合作或者专利交叉许可达到技术资源整合的目的，从而规避专利侵权的风险。后发企业由于进入行业时间晚，通常需要在先入企业已有的技术基础上进行后续研发和生产，在没有可以制约对方的专利筹码的情况下，专利许可和侵权的不确定性风险都会较大。

通过对 10 个创新主体技术优劣势的分析，结合第二节的竞争环境分析，发现在前 10 的创新主体中，我国创新主体虽然在高铁技术的专利涉及范围上并不弱势，但是目前的专利中海外申请不足，大部分都是国内专利。此外，排名前 10 的创新主体中，中国的两个主体一个是企业，另一个是高校，相比较之下，西南交通大学的专利组合比中国南车更有优势。中国自 20 世纪 90 年代就开始了对高铁基础技术的投入和研发，高校在基础研发过程中其中承担了重要的研究任务，因此取得较好的成果也是与中国高铁集成创新路径相符的。两个主体各自的优势技术领域也是互补较多，重叠较少，这也是中国高铁在政府主导和统筹协调下集成和产学研协同合作创新成效的体现。在国内，中国创新主体可以利用自有专利与竞争对手相互制约，同时在中国高铁技术引进过程中，当时的铁道部对企业资质的限制，在一定程度上也起到了在国内范围内抑制专利风险的作用。然而，进入国际市场以后，没有强有力的海外专利布局网络的保护，竞争对手以专利作为武器时，中国企业没有相当的专利筹码，难以与对方达成专利交叉许可或技术合作，容易落入对方的"专利陷阱"，专利潜在侵权风险较大。

三 创新主体技术地位

专利引证数据可以动态地反映技术以及创新主体之间的发展以及联系脉络。专利引证分析作为一种常用的专利分析方法，有学者将其用于专利质量分析（朱雪忠、万小丽，2009）、技术竞争态势分析（周婷、文禹衡，2015）、技术演进路径分析（潘颖，2014）、知识流动分析（Albert G. Z. Hu.，Adam B. Jaffe，2003；Michael K Fung，William W Chow，2002）、技术竞争对手识别分析（孙涛涛、刘芸，2011），涉及领域包括太阳能（刘桂锋、王秀红，2012）、混合动力汽车（李伟、刘红光，2010）、医药技术（安宁、刘娅，2010）、微处理器（武晓岛等，2009）等。本节拟利用专利引证数据构建专利引证网络，揭示重要高铁创新主体之间的关联情况，以了解中国企业在行业中的技术地位。

以目标专利为基点，专利引证有向前和向后两个方向，即引证和被引证，国外直接称为后引和前引。专利被引次数可以从专利技术的影响力和法律权利的垄断地位两个方面反映专利权人及其技术的重要性。已有的专利为后续专利引用反映了技术创新的累积过程，如果一项专利为后续技术创新奠定了一定的基础，那么该专利的技术影响力是不容否定的。从法律的角度来看，后续专利引用在先专利意味着该在先专利作为后续专利的相关现有技术，会对其权利要求的范围有所限制。此外，后续专利的使用也会受限，如果 B 公司的一项专利引用了 A 公司的一项专利，后续专利基于在先专利改进而成且无法绕开其所涵盖的技术，那么 B 公司在使用该专利时必须取得 A 公司的许可并缴纳使用许可费。由于 A 公司的该项专利可以在一定程度上阻止 B 公司在后专利的使用，显然就该项专利相关的技术来看，A 公司比 B 公司更具竞争力。

综上所述，公司相互引证次数可看出各公司间的相互引证关系。即利用专利交互引用关系，进行交叉分析形成的图表，可看出指定公司间专利相互引用的状况。一家公司的专利被引用次数越多，表示该公司在特定技术领域内技术居于领导地位的可能性越高，但各公司间的从属关系是相对的。若有一家公司引用领导公司的专利次数少，却被领导公司引用较多次专利，则相对该公司而言，领导公司反而属于从属公司，受该公司的限制较大。

选取具有代表性的创新主体，以每个创新主体在特定技术领域内的所有专利为对象，对其向前引用和向后引用的专利权人进行统计分析，可以反映特定创新主体对其他创新主体的技术渗透和竞争地位。还是以前文选定的 10 个创新主体为对象，包括 Hitachi、中国南车、Mitsubishi、西南交通大学、Toshiba、NEC、Simens、KRRI、Bombardier、Kawasaki，利用德温特专利数据库的检索结果，对这 10 个主体之间的专利相互引证情况进行统计（见表 4-5）。

表 4-5　　　　十大创新主体高铁相关专利相互引证

引证 被引证	Hitachi	中国南车	Mitsubishi	西南交通大学	Toshiba	NEC	Simens	KRRI	Bombardier	Kawasaki
Hitachi	146	0	5	1	16	5	1	0	0	3
中国南车	2	11	2	8	0	0	1	1	0	4

第四章　集成创新下中国高铁出口的专利风险实证分析

续表

引证 被引证	Hitachi	中国南车	Mitsubishi	西南交通大学	Toshiba	NEC	Simens	KRRI	Bombardier	Kawasaki
Mitsubishi	36	0	39	0	25	1	1	0	3	4
西南交通大学	0	0	0	44	0	0	0	1	0	0
Toshiba	46	0	9	0	78	1	0	0	0	4
NEC	23	0	2	0	3	13	0	0	0	0
Simens	21	0	2	1	2	2	63	0	9	6
KRRI	4	0	0	0	1	0	0	34	0	1
Bombardier	13	0	0	0	1	0	9	0	15	1
Kawasaki	29	0	0	0	0	0	0	0	1	34

资料来源：笔者依据德温特专利数据库检索结果手工统计所得。

从表4-5可以看出，Hitachi的专利为其他9个创新主体中的8个引用，且在次数上也比其他创新主体的被引证专利次数有较大的优势。除中国南车和西南交通大学两个中国创新主体以外，其他创新主体虽然在被引证情况上与Hitachi相比有一定差距，但是都比中国两个创新主体有优势。中国南车除了自我引证以外，没有其他主体引证其专利（如表4-6所示），其引证他人专利的次数有18次。由此可以看出，中国南车有专利使用受他人限制的风险，却没有可限制他人的专利，技术弱势地位较其他外国企业明显。就专利引证次数的情况看，西南交通大学比中国南车稍有优势，其被引证次数高于中国南车，引证他人专利的次数远低于中国南车，仅有1次。其被引证的10次中，有8次是被中国南车引证，西南交通大学在国内高铁领域的技术基础和成果由此可见，这也体现了中国政府支持高铁研发的效果，以及进行产学研协同集成创新的必要性。

表 4–6　　十大创新主体专利引证率

创新主体	自我引证次数	被引证次数	总引证次数	引证他人次数	技术独立性	引证率
Hitachi	146	174	320	31	0.46	0.82
中国南车	11	0	11	18	1	0.05
Mitsubishi	39	22	61	70	0.64	0.37
西南交通大学	44	10	54	1	0.81	0.34
Toshiba	78	49	127	60	0.61	0.98
NEC	13	9	22	28	0.59	0.18
Simens	63	22	85	43	0.74	0.71
KRRI	34	2	36	6	0.94	0.32
Bombardier	15	15	30	24	0.50	0.28
Kawasaki	34	23	57	30	0.60	0.55

资料来源：笔者依据德温特专利数据库检索结果手工统计计算所得。

表4–6中的技术独立性由特定技术领域内某公司引用自己专利的次数与其总共被引用的次数（含自我引证次数及被别人引用次数）的比值来表示。技术独立性从一定程度上可以反映公司的技术研发内容与其他竞争公司技术的差异性。换言之，技术独立性值越高，表示该公司所研发的技术独特性较高，其研发路线较为独立。技术独立性值越低，表示该公司的技术研发路线越标准，与其他竞争公司研发的技术内容相似程度较高，有技术侵权的可能性。

特定技术领域内某公司专利被引用的总次数除以该公司专利件数的比值，则是该公司在指定技术领域的专利引证率。引证率表示公司产出的专利平均被引用的次数，作以衡量各竞争公司的专利产出的品质。引证率越高的公司，表示该公司产出的专利平均被引用次数越多，显示专利品质越高。一般评价先进公司的技术研发能力除可依专利数量多少衡量外，引证率也是技术能力重要参考指标。利用引证率衡量公司的技术研发能力是属于"质"的衡量指标，而专利产出数量则是"量"的衡量指标。

从表 4-6 的结果来看，中国企业比外国企业专利引证率低，且差距较大。专利引证数据从一定程度上可以反映企业的技术研发能力，同时它也是衡量专利质量的重要指标。中国企业在国内的专利劣势可以通过与其他主体的合作弥补，但是进入国际市场以后，没有政府的协调，也没有可以限制竞争对手的专利，将面临专利许可和侵权风险。

为了更直观地呈现各创新主体的技术地位，本书将利用社会网络分析软件 UCINET 对各企业之间的专利互引数据进行分析。UCINET 软件是由加州大学欧文（Irvine）分校的一群网络分析者编写的。现在对该软件进行扩展的团队是由斯蒂芬博加提（Stephen Borgatti）、马丁埃弗里特（Martin Everett）和林顿弗里曼（Linton Freeman）组成的。UCINET 网络分析集成软件包括一维与二维数据分析的 NetDraw，还有正在发展应用的三维展示分析软件 Mage 等，同时集成了 Pajek 用于大型网络分析的 Free 应用软件程序。该软件包有很强的矩阵分析功能，如矩阵代数和多元统计分析[1]。

表 4-5 中的十大创新主体是本书基于研究目的、专利数量和引证情况等因素，综合考虑而选取的。因此，本书借助 UCINET 软件，将表 4-5 中 10×10 的引证矩阵进行可视化处理，得到图 4-6，使各创新主体的地位更直观清晰地呈现出来。

图 4-6 中节点代表中心度，节点大小表示该主体的专利被引证次数以及与其他创新主体之间的关联次数，被引次数以及关联主体越多节点越大。Hitachi 在被引次数和关联主体个数上都独占鳌头，其在网络中的节点最大，处于最中心的位置。其次是 Simens 和 Toshiba，中国两个主体都处于边缘位置，且节点较小，相对几个外国企业来说，处于较弱势地位。

---

[1] http：//baike.baidu.com/link? url = WRoOl5KwF1gG4O50isYec8friCTRzJHKZE OALm-EvOAQ5Uwu1njz7FkdtfQDVJeRrLsMoxtZH - Ya - zVHaxFjHp_ 。

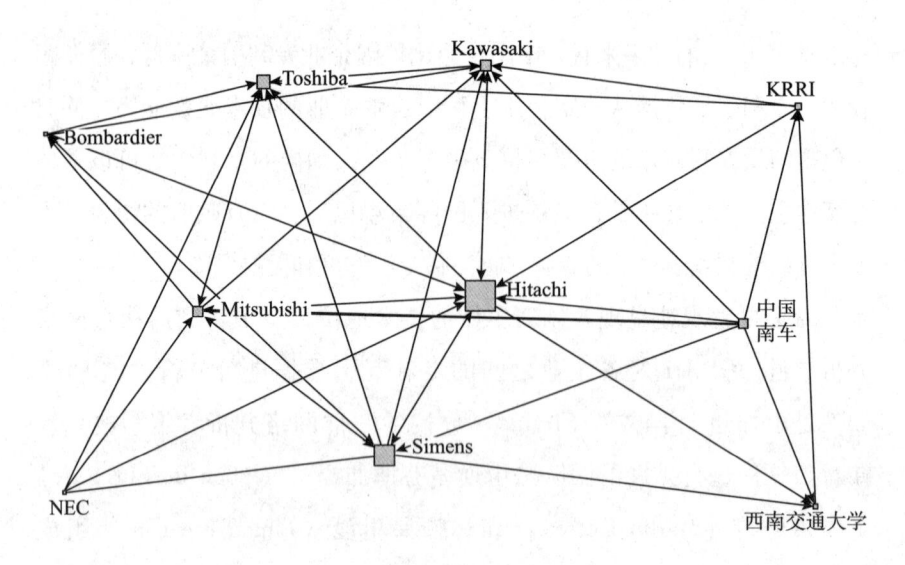

图 4-6　高铁十大创新主体引证网络

资料来源：UCINET 软件统计结果。

第三节　中国高铁技术集成对高铁出口专利风险的影响

中国高铁集成创新的路径体现了中国引进外国企业并进行消化吸收再创新的过程，消化吸收也是利用外国技术并予以改进创新的过程，而再创新的进行也是在政府的统筹下，集合了众多主体参与完成的。虽然中国在引进外国的高铁技术以前，有一定前期自主研发的技术基础，但后续创新较大程度上是基于引进技术。中国引进技术时，政府对引进对象资质的限制，以及技术许可和转移合同的约定，国内范围内的专利许可和侵权风险得到有效控制。然而，中国高铁的发展规划并不止国内市场，随着"走出去"战略的实施，中国高铁进入国际市场是国家规划也是企业发展需要。

如全球高铁专利分析结果所示，高铁是由庞大且复杂的技术构成的，技术之间的互补性和依赖性较高，几乎没有企业可以掌握所有的技术。根据历年美国专利申请量排行榜，在数量上占据重要优势地位的许多著名企业，其产品生产所用的专利技术仅 1/3 来自自己的研发团队，另外的 2/3 专利技术则通过许可授权、购买或交换等方式获得（袁晓东、孟奇勋，2010）。主要高铁企业都有自己的优势技术领域并可以以此制约竞争对手的专利，以达到尽可能自由利用自有专利的目的。一个产品由众多互补性专利技术构成，而众多专利由不同的专利权人所有，这也是技术集成所导致的一种专利分散问题。第五章将专门对专利分散造成的高铁出口专利风险进行分析。

本章对高铁出口专利风险的分析，主要从中国企业将面临的国际竞争环境以及自身技术地位进行。进入国际市场以后，作为高铁技术的后发国家和企业，在技术研发上起步较发达国家企业晚并对发达国家企业的技术有继承和延续关系。从技术角度看，后续专利有被在先专利制约和限制的劣势；从市场布局的角度看，外国企业专利布局开始较早，专利族群规模以及涉及国家范围明显较中国企业有优势。由专利组合和引证分析可以看出，中国企业在外国市场的专利布局较为薄弱，在出现频次较高的重点技术领域也没有技术优势，较低的专利引证率在一定程度上也说明中国企业没有可制约竞争对手的高质量专利。面对技术实力较强的外国企业，完善的专利布局和高质量的专利是制衡竞争对手的有力筹码，是与对方达成专利交叉许可、进行技术合作的基础。中国企业在国际市场缺乏以上两方面的优势，海外专利布局和侵权风险较大。

一 海外专利布局难度大

专利布局是指企业综合产业、市场和法律等因素，对其专利进行有机结合，涵盖与企业利益相关的时间、地域、技术和产品等维度，构建严密高效的专利保护网，最终形成对企业有利格局的专利组合。作为专利布局的成果，企业的专利组合应该具备一定的数量规模，保护层级分明、功效齐备，从而获得在特定领域的专利竞争优势。

中国高铁走出国门的规划决定其必须将专利布局的地域范围扩大到相应的国外目标市场。中国高铁企业目前的海外专利申请率非常低，以引进技术为基础集成完成的中国高铁技术，进入国际市场以前必须先做好海外专利布局工作。高铁研发起步较早的发达国家企业，如 Simens、Bombardier、Mitsubishi 等海外专利申请率分别高达72%、98%以及36%。在竞争对手已经抢占专利布局制高点以后，中国再进入国际市场，容易受到竞争对手的专利约束。中国高铁海外布局的难度体现在数量和质量两个方面。

竞争对手的在先专利成为中国企业后续专利申请的障碍。审查员在审查专利申请时，需检索和识别与专利申请所主张的发明创造相关的现有技术，在先专利很容易作为后续专利的现有技术被检索和识别到。如果主张权利的发明专利申请中写入了一些现有技术，这些现有技术将阻止该发明创造被授予专利权；如果主张权利的发明与一些现有技术相似，那么即将被授权的专利权利保护范围将为这些现有技术限制。中国高铁技术较多建立在外国引进技术的基础之上，在目标国家申请专利时，后续改进技术必须绕开外国企业在该国的在先专利所包含的技术才能在该目标国家成功获得专利授权。后续改进技术在此限制下，可成功申请专利的技术在数量上会减少，且获得专利授权的权利保护范围也必定会受到影响。

专利引证数量和引证率作为学者们公认的重要专利质量评价指标，结合专利组合分析结果，基本可以体现企业在特定技术领域内的技术地位。相比外国企业，中国企业无论在自引还是他引数量以及引证率上，都与外国企业有一定的差距。企业引证自己的专利，可以说明企业在构筑"专利丛林"，是防止竞争对手模仿自己的专利或就相关发明申请专利的一种专利组合策略（E Sapsalis et al., 2006）。专利被他人引证是该原始专利具有原创性特征的外在表现（Manuel Trajtenberg et al., 1997），这也是它可以作为专利质量评价指标的重要原因。从前文外国企业专利组合和引证情况来看，无论是重要技术领域的涉及规模和优势技术领域的把握，还是单个专利的引证率，外国企业都比中国企业有优势。外国企业在特定国家市场的高铁专利涉及的重要技术领域和优势技术领域越多、专利质量越高，中国企业在该市场进行专利布局时受到的束缚越多，在进行专利申请时，必须绕开外国企业已有专利布局网络，在最大化自己专利申请的权利要求范围的同时，使自己的发明能满足专利授权要求。

综上所述，为保持自己在特定国家市场上的竞争地位，外国企业如果以专利为武器，利用其在先优势阻碍中国企业在特定目标市场的专利申请，中国企业海外专利布局将不可避免地受到影响，专利申请和布局难度都将加大。

二 潜在专利侵权风险

有学者研究发现，侵权案件中的涉案专利通常有较高的质量，专利的质量属性与专利侵权案件的发生具有相关性，并提出专利质量指标可以用于识别和预测高风险专利（John R. Allison et al., 2004）。通过对1963—1999年2925537件美国授权专利的专利侵权诉讼情况进行调查，证明权利要求数量和专利引证数量都与专利侵权案件的发生有显著正相关关系（John R. Allison and Emerson H. Tiller, 2003）。有研究发现，专利未来发生侵权的可能性不仅与专利质量相关，还与授权以后专利运行中形成的新的价值属性相关，其中专利引证是质量和价值属性的重要内容（漆苏，2012）。

综合专利组合规模和引证次数，专利组合规模越大，企业的专利维持成本越高，引证次数越多其专利质量越高，发生侵权并引起诉讼的可能性越高。对高铁专利的国家分布分析发现,中国、美国和日本是 Hitachi、Mitsubishi、Kawasaki、Simens、Bormbardier 等企业都比较看重的高铁市场并在这些国家进行了一定的专利布局。中国高铁如将美国和日本作为目标市场,将高铁出口到这两个国家,其他先进入该市场的企业为避免市场份额被挤占的风险,保持其竞争优势,必然会采取措施阻止后来者进入市场,而它们所掌握的专利就是有力武器。Hitachi、Mitsubishi、Kawasaki、Simens、Bormbardier 等是中国高铁技术引进的主要来源国,中国高铁因此受制于在先技术的专利保护以及技术转让合同的约定。外国企业在国内外范围内进行广泛的专利布局,且掌握着较高质量的专利,这些都是以高额的专利申请和维持成本为代价,因此面对竞争对手,它们的专利维权意愿较高。外国企业倚仗其专利组合和质量优势,使其专利技术累计权利保护范围较大,中国企业在没有成熟的专利布局保护的情况下,进入这些重要国家市场,很难规避这些竞争对手的专利,即使规避了其中一个或几个竞争对手的专利,很有可能落入其他竞争对手的专利权利保护范以内,发生专利侵权的风险较大。

第四节 本章小结

本章基于中国高铁的集成创新特征和路径,从专利信息分析的视角出发,对中国高铁技术在国际市场的劣势地位进行分析,并基于此对中国高铁出口可能面临的专利风险进行初步预测。具体内容从以下几个方面展开。

首先,集成创新的特征包括技术结构和来源的复杂多样性、主体的多样性以及创新主体的后发劣势地位,针对集成创新的特征,介绍可以用于集成创新专利风险预测的三个专利分析方法,包括专利技术关联分析、专利引证分析以及专利组合分析。

其次,利用德温特专利数据库,结合关联分析、专利引证分析和专利组合分析,从竞争环境、技术和创新主体三个维度对中国创新主体较其他竞争对手的劣势进行了分析。从竞争环境来看,重要企业几乎都把中、美、日视为重要高铁市场,相比在其他国家的专利申请数量,在这些国家市场的专利申请量较大,也意味着这些国家市场的技术竞争将较为激烈,中国企业与外国企业海外专利申请率差距较大,海外专利布局非常薄弱。从技术角度看,技术关联分析发现,高铁技术的构成复杂且庞大,技术之间有着较强的互补性。对重要创新主体特定技术领域的专利组合分析结果显示,各创新主体的专利基本都无法覆盖所有重要技术领域,都有各自的优势和劣势技术领域,企业之间的依赖性较高,专利技术合作和许可等不可避免。中国企业优势技术领域较少,且在申请频次较高的技术领域较为弱势,缺乏与竞争对手相当的专利组合,在寻求专利技术合作或交叉许可等行为时,处于受外国企业制约的劣势地位。从创新主体的技术地位来看,专利引证次数和引证率的统计计算结果显示,中国企业有专利使用受他人限制的风险,却没有可限制他人的专利,技术弱势地位较其他外国企业明显。

最后,基于竞争环境、技术和创新主体三个维度的专利分析,认为中国高铁出口可能面临的专利风险包括海外布局难度较大和潜在专利侵权风险。外国企业高铁技术研发开始较早,利用先发优势较早开始海外专利布局以抢占国际市场,在竞争对手已经占领专利布局制高点以后,作为特定国家市场的后来者的中国企业,进行海外专利布局时所受束缚和面临难度都较大。外国企业以高昂的专利申请和维持费用为代价在国内外范围内进行广泛的专利布局,且掌握着较高质量的专利,面对竞争对手,它们的专利维权意愿较高。中国企业在国际市场的专利弱势地位也因此面临较高的专利侵权和诉讼风险。

第五章　专利技术分散情境下中国高铁出口专利风险实证分析

在第三章探讨专利分散的理论渊源以及测量方法的基础上，本章将以高铁制动技术为例，分别对国内和全球高铁制动技术专利分布状态进行测量。首先，从技术构成、专利权人和发明人等方面分别对我国和全球高铁专利进行初步描述；其次，利用第三章提到的专利分散测量方法，分别对国内和全球高铁专利的分布态势进行测量，探索在这两个层面是否存在专利分散的问题；最后，总结专利分散为中国高铁出口带来何种专利风险。

高铁领域的关键技术包括系统总成技术、车体技术、高速转向架技术、牵引变流器技术、牵引控制技术、牵引电机技术、牵引变压器技术、制动系统技术、网络控制技术9种。由于相关专利数量庞大，考虑研究数据的准确性和针对性，本章仅选一个关键技术为例，进行数据的收集和分析。2012年，中国已建成世界上速度最快的高速列车制动试验台，最高试验速度达到530千米/时。这标志着中国高速列车制动系统的研发和试验技术达到国际先进水平。因此，笔者最终选择了高铁制动技术为本章的研究对象。

第一节　中国高铁制动技术专利分散实证研究

高铁作为我国创新型国家建设的重大突破和自主创新的标志性成果，虽然较日本、德国等发达国家起步晚，但取得的成果却是世界瞩目的。高铁是一个复杂的技术构成，从机车制造到整车组装，再到运行服务，形成了一个较长的产业链，具有较强的经济辐射带动作用。高铁发展的辐射效应除了产业间的带动作用，还有区域间的带动作用（韩宝明、李学伟，2008）。

2004年以来，为加快中国铁路高速化、动车化进程，我国机车车辆制造企业在政府的主导下，依据"引进先进技术、联合设计生产"的理念，加强与外国企业的技术合作，不断提升自身的技术创新能力。随着专利申请量的逐年递增，专利所有者数量也不断增加，高铁领域的专利可能呈现分散的发展趋势。

一　研究假设

假设1：我国高铁制动技术专利的分布状态是先集中后分散的趋势。

从市场占有情况看，我国高铁生产应该处于垄断状态，技术分布也应呈集中趋势。从技术特性来看，高铁是由一系列复杂技术构成，众多专利技术可能由许多不同的权利人所有，因此专利可能呈现分散状态。初期，我国主要靠引进吸收德、法、日等国家的企业的技术来发展高铁，相关专利集中在主要国外专利权人的手中。政府主导引进高铁技术时，国内最早的技术受让企业有三个，包括南车青岛四方机车车辆股份有限公司、中国北车集团长春轨道客车股份有限公司和中国北车集团唐山轨道客车有限责任公司。高铁技术开始从国外专利权人手中向国内企业扩散。随着高铁领域产学研协同创新活动的增加，国内相关院校、研究机构和企业自主研发能力都得到提高，拥有专利的权利人越来越多，逐渐趋于分散的状态。

假设2：外国申请人的专利分布较国内申请人更集中。

2004—2008年，中国高铁经历了孕育、阵痛、生长期。在这期间，国内高铁企业基本处于技术吸收和消化阶段，核心技术的自主研发能力较弱。相较于技术成熟的外国企业，技术成果产出不明显，在专利数量上明显处于劣势。之后，随着核心技术创新能力的提高，国内企业的专利数量不断增加，同时拥有专利的权利人也相应增加和分散。不同于国内专利权人的专利分布态势，在我国申请高铁制动专利的主要外国申请人一直比较固定，专利数量的增加导致分布相对集中。

假设3：外国企业在我国的专利优势呈下降趋势。

2004—2005年我国铁道部通过三次招标引进了法国阿尔斯通和德国西门子、日本川崎重工、加拿大庞巴迪等企业的高铁技术。2008年，我国开始对外方没有转让的核心技术进行攻坚，通过各主要企业、科研院所和大学的努力，直到2009年，我国用6年的时间掌握了高铁的9大关键技术。我国高铁的发展历程，体现了我国高铁技术所经历的引进—消化—吸收—再创新的过程。我国高铁技术引进初期，作为技术出让方的外国企业在技术上占有绝对优势。我国授权的高铁制动技术专利中，外国企业在早期占重要比重，随着国内企业对技术的逐渐消化和吸收，并进行再创新，国内企业的专利比重会逐渐增加。

二 数据来源与样本描述

本节利用中国知识产权网专利信息平台，检索国内高铁制动技术专利申请和授权状况，同时利用德温特专利数据库验证检索结果。通过阅读文献和初步检索，确定中文关键词为"刹车""制动""永磁""励磁""高速列车""高速轨道交通""动车组"等。根据中文关键词构建检索式，结果显示：截至2015年12月，我国高铁制动发明和实用新型专利申请的总量是3488件。其中，实用新型专利申请1847件、发明专利申请1641件。专利申请到公布需要18个月，所以2014—2015年的数据不完整。由于发明专利申请需要经过实质审查，它的质量要高于实用新型和外观设计专利。因此，授权专利的质量和价值通常高于未授权的专利申请。如未特别提出，本书的实证分析以授权的发明专利数量为基础。发明专利年授权量的统计方法有两种。一种是基于申请年的相同年授权量，一种是基于授权年的当年授权量。针对高铁制动技术发明专利年授权量的统计，本节采取了第一种方法。截至2015年11月底，发明专利的总授权量为644件。排名前十的授权申请人中国内专利权人有6个，包括中国铁道科学研究院机车车辆研究所、铁道部运输局、上海磁浮交通工程技术研究中心、上海磁浮交通发展有限公司、南车株洲电力机车有限公司、北京纵横机电技术开发公司。外国4个专利权人有克诺尔布里姆斯轨道车辆系统有限公司、西门子公司、西屋气刹车公司、通用电气公司。

由于发明专利实质审查时间较长，2011年以后的数据不完整，所以对专利授权数量的趋势分析从1995年第一件发明专利授权开始，截至2011年。我国1995—2011年（申请日为依据）的高铁制动技术专利趋势，如图5-1所示。在这期间，我国高铁制动技术的授权发明专利数量自2004年开始呈递增状态，2009年大幅攀升。2004—2005年，先后从加拿大庞巴迪、日本川崎重工、法国阿尔斯通和德国西门子引进技术，联合设计生产高速动车组。2007年中国铁路实施第六次大提速。2008年原铁道部和科技部签署计划，共同研发时速380千米的新一代高速列车。根据笔者的检索结果，我国高铁制动技术的授权专利持续增长的起始点是2004年，2008年、2009年是增长趋势最迅猛的时期（见图 5-1）。

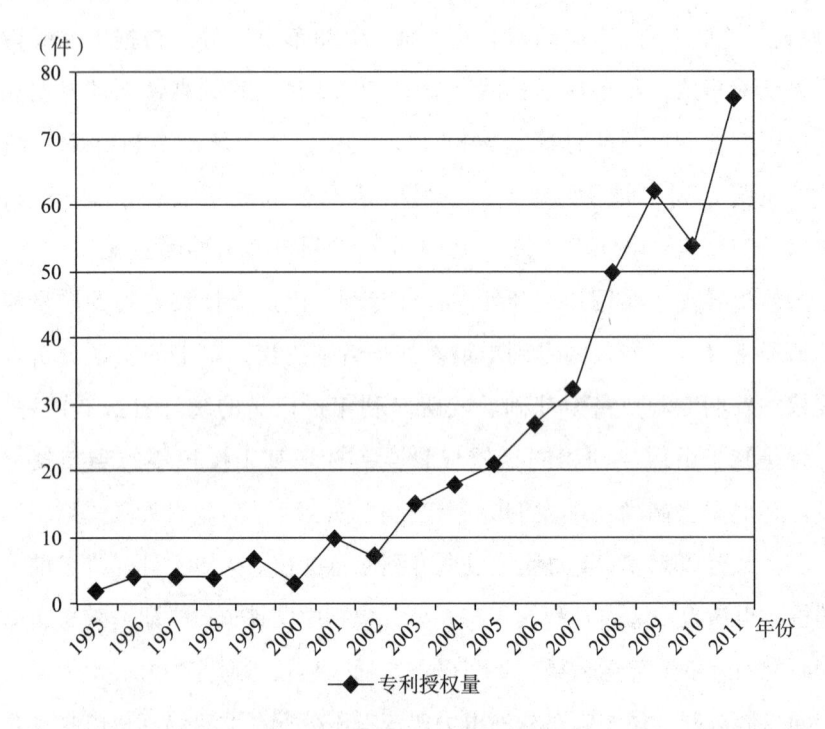

图 5-1 授权专利申请数量趋势

资料来源：中国知识产权网专利信息平台。

三 假设验证

由于国内的专利没有引证数据，所以本章节从不需要引证数据的测量方法中比较各种方法的优劣，并选择符合数据要求的方法。

1. 专利分布趋势分析

通过比较帕累托系数、赫芬达尔指数、基尼系数、锡尔系数等方法发现，帕累托系数对数据要求较高，运用帕累托系数衡量专利分布态势有较强的实用性，能比较直观准确地反映专利分布的变化趋势。本章节选择以帕累托系数测量我国高铁制动技术的专利分布状态，验证假设1。其表达式为：

$$C = A(P - a)^{-\alpha} \qquad (5-1)$$

式中，P 表示一定数量以上的专利量，C 为拥有一定数量以上专利量的专利权人数，A 和 α 为待确定的参数，A 为大于 0 的常数，α 为帕累托系数，a 为最低专利数，根据检索之后的统计结果，最低专利数为零，公式演变为：

$$C = AP^{-\alpha} \qquad (5-2)$$

α 值越大，专利分布趋势越集中；α 值越小，专利分布趋势越分散。由于 2003 年以前高铁制动的发明授权专利数量较少，不能满足测量计算的需要，所以本书的样本数据是 2003—2011 年的专利数据。笔者分别统计了"每年每人拥有专利量"以及"每年拥有相应专利量的专利权人数"。数据表明，随着时间的推移拥有一个专利的权利人数量保持平稳增长状态，而拥有较多专利的权利人数量很少。将式 (5-2) 两边取对数，然后利用上述统计数据和 Eviews 软件进行回归分析，计算 α 系数，将计算结果制作成图 5-2。

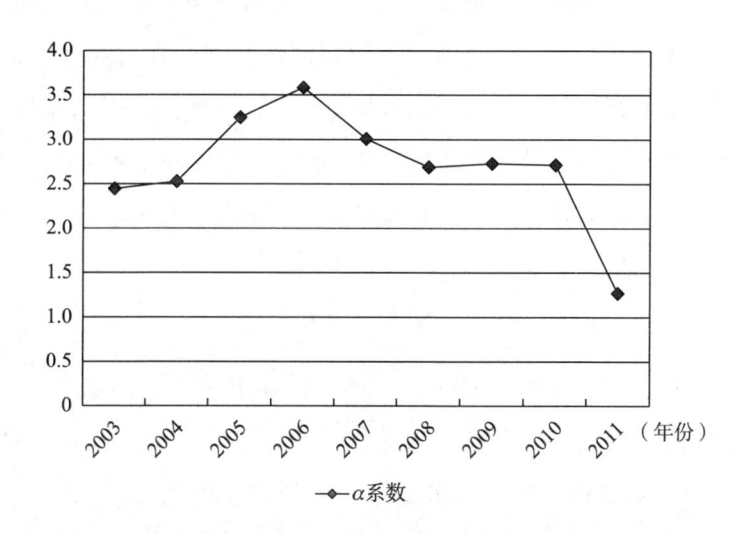

图 5-2 高铁制动专利分布趋势

资料来源：笔者根据中国知识产权网专利信息平台检索结果计算所得。

如图 5-2 所示，α 系数从 2003—2006 年持续上升，随着系数的增大，专利趋于集中；从 2007 年开始，系数基本处于下降趋势，2011 年下降尤为明显，专利分布也由集中状态向分散状态转变。由此发现，我国高铁制动专利的分布状态是先集中后分散的趋势，假设 1 得到了验证。一项技术进入一个新的市场时，掌握相应技术的企业非常少，技术向外溢出和扩散需要一定的时期，在这个时期内，少数企业维持其垄断地位；在专利权人数基本不变的情况下，专利数量的增加会导致专利分布愈加集中。随着技术的不断扩散，越来越多的企业参与竞争，拥有专利的专利权人不断增加，导致专利分布由集中发展到分散状态。

2. 集中度比较分析

绝对指标测量方法所需的数据易于取得，相对其他测量方法，它的计算也最简便。以绝对指标分别测量国内外专利权人的专利分布状态，结果更加直接明了（见图 5-3）。对国内外专利权人的专利集中度进行比较分析，可以更全面地了解我国高铁制动技术的发展动态。前文的检索数据里包括了国内和国外专利权人在我国获得的授权专利的总数，笔者分别统计了 2003—2011 年每年国内外专利权人各拥有的专利数量。绝对指标是直接计算排名前几的专利权人在技术领域中所占的份额，用公式表示为：

$$CR_n = \sum_{i=1}^{n} X_i / \sum_{i=1}^{N} X_i \qquad (5-3)$$

公式中，CR_n 表示专利的集中度，X_i 为各专利权人拥有的专利数量，n 为排名前 n 的专利权人的数量，N 为所有专利权人的数量。该方法的弊端就在于 n 的数量不同，得到的集中度也会不同。为了使测量结果更科学，本节分别计算 n = 1，2，…，5 的结果，并在此基础上比较国内外专利权人的专利集中度。

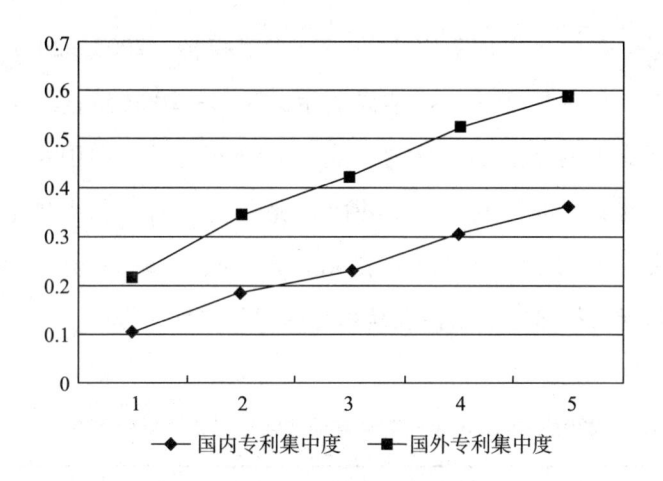

图 5-3 国内外专利权人专利集中度对比

资料来源：笔者根据中国知识产权网专利信息平台检索结果计算所得。

图 5-3 可以看出，在 n 取 1—5 中的任何一个值，国内专利权人的专利集中度测量结果都低于国外专利权人。国外专利权人掌握的高铁制动技术专利比国内专利权人更集中，假设 2 成立。究其原因，虽然国外重要专利权人拥有的专利数量逐年减少，但是掌握高铁制动技术的专利权人比较固定，相对而言，拥有专利的国内专利权人数量在逐年增长，专利的分布趋于分散。

3. 首位度法分析

本书利用首位度法验证假设 3。首位度用于衡量一个行业中不同名次的专利权人所占专利份额的差距，能较好地反映某技术领域或行业内前几位专利权人之间的相对专利规模大小，测试过程简单，公式表示为：

$$S = \frac{p_1}{p_2} \quad (5-4)$$

公式表示专利数量最多和第二多的专利权人所占专利份额的差距，可以反映出专利的集中程度。

专利是衡量自主创新能力的一个重要指标，2003—2011年高铁制动技术专利首位度的分析结果显示，2003—2009年连续7年获得授权专利最多的企业都是外国企业，2010年开始，中国企业成了获得授权专利最多的专利权人。外国企业在我国的专利优势呈下降趋势，假设3得到了验证。这一变化趋势与我国高铁引进—消化—吸收—再创新的技术发展路径也是相符的（见表5-1）。

表5-1　2003—2011年中国高铁制动技术专利首位度变化表

申请年份	最大专利量	其次专利量	授权最多的专利权人	授权其次的专利权人	首位度
2003	3	2	株式会社东芝	杭州金叶无障碍设备制造有限公司	1.5
2004	3	1	克诺尔布里姆斯轨道车辆系统有限公司	曾进忠	3
2005	2	1	克诺尔布里姆斯轨道车辆系统有限公司	株洲南车时代电气股份有限公司	2
2006	2	1	西门子公司	株洲南车时代电气股份有限公司	2
2007	3	2	通用电气公司	蒂森克鲁伯快速运输有限公司	1.5
2008	3	2	克诺尔布里姆斯轨道车辆系统有限公司	中南大学	1.5
2009	4	2	克诺尔布里姆斯轨道车辆系统有限公司	株洲南车时代电气股份有限公司	2
2010	4	3	南车戚墅堰机车车辆工艺研究所有限公司	南车青岛四方机车车辆股份有限公司	1.33
2011	15	13	中国铁道科学研究院机车车辆研究所	铁道部运输局	1.15

资料来源：笔者根据中国知识产权网专利信息平台检索结果计算所得。

本节利用帕累托系数、绝对指标和首位度法对我国高铁9大关键技术之一的制动技术专利分布状态进行测量。实证研究的目的是以这个技术为例,以小见大,初步了解整个高铁行业的技术分布态势。实证测量的结果表明,我国高铁制动技术的专利分布经历了先集中后分散的过程,外国企业的专利集中度高于国内企业,而外国企业在我国的专利优势呈下降趋势。2003—2006年,我国高铁制动技术的专利呈现集中的分布状态,2007年以后开始转向分散。2009年以前,外国企业在我国占有明显的专利优势,2010年开始它们的专利优势消失,我国主要企业成功追赶上来。这一测量结果与我国政府关于高铁的重大政策和措施在时间点上是契合的。比如,2004—2005年我国原铁道部通过三次招标引进了外国企业的高铁技术,2007年中国铁路实施第六次大提速,2008年研发时速380千米的新一代高速列车。这种时间上的吻合,一方面说明我国政府对高铁行业实施的措施对高铁技术的专利分布趋势有重大的影响,另一方面说明本节的研究结果具有一定的准确性和参考意义。

第二节 全球高铁制动技术专利分散实证研究

中国政府将"走出去"作为中国高铁的重大发展战略,分析全球高铁技术的分布状态,有助于了解中国高铁技术出口过程中可能遭遇的潜在专利风险。

一 数据来源

本节拟研究全球范围内高铁制动技术的专利分布状态,需要采集的数据范围也因此扩展到全球范围。为满足数据需求,本节的专利检索利用的是德温特专利数据库(DII)平台。德温特专利数据库由

Thomson Derwent 与 Thomson ISI 公司共同推出的基于网络的专利信息数据库，其中包含 100 多个国家自 1963 年以来的 2000 多万条专利信息。德温特专利数据库的专利检索途径有两种，包括基本检索、被引专利检索、化合物检索和高级检索。本节利用的是基本检索途径，它的检索字段包括主题（Topic）、专利权属人（Assignee）、发明人（Inventor）、专利号（Patent Number）、国际专利分类号（International Patent Classification）、德温特分类代码（Derwent Class Code）、德温特手工代码（Derwent Manual Code）、专利入藏登记号（Derwent Primary Accession Number）、环系索引号（Ring index number）、德温特化合物号（Derwent compound number）、德温特登记号（Derwent registry number）等。本章节采用的检索策略为"主题 + 德温特手工代码"检索。与国际专利分类号（IPC）相比，德温特手工代码分类更为明确和详细，它用于表明该专利的技术创新方面，揭示了专利技术的外部特征和应用领域。因此，利用德温特手工代码进行检索，可以提高检索的速度及准确性。

通过阅读文献资料，参照国内专利检索，将英文检索的关键词确定为"Excitation; energize excite; exciter; excitor; field coils; exciting dynamo; permanent magnet; braking; braker; train"。通过初步检索和筛选，锁定最相关的两个德温特手工代码 X12 – C06（涉及电力分散的大功率电磁体）以及 X23 – A01B（涉及电动列车各类制动的方法与技术）。最终，利用"关键词结合德温特手工代码"的策略，截至 2015 年 12 月底，检索出全球高铁制动技术的专利共计 5315 项。

二　全球高铁制动技术专利集中度分析

第三章讨论的常用专利分散测量方法中，专利引文数据是开展专利分散度测量工作的重要基础。国外学者通常用专利引证数据测量"专利丛林"的密度以及其对专利申请活动的影响。齐多尼斯

(2004)基于美国专利引证数据，提出了"专利分散指数"。他的分散指数主要用于对复杂行业的研究，在这些行业里，企业的专利申请会随着分散度的上升而增长（Ziedonis，2004）。Von Graevenitz 等（2013）基于欧洲专利引文构建了对分散度的测量，他们以30个技术领域内2074个企业15年来专利申请为面板数据，得出的结果显示30个技术领域中有9个存在"专利丛林"（Von Graevenitz，2013）。许多学者将专利被引用频次作为确认企业重要专利的指标，一项专利被引用的频次越高，越能代表该专利是比较核心和重要的技术（Narin，1994）。综合考虑数据的可获取性以及结果的直观性，本节将采用三角引证法测量全球高铁制动技术的专利分布情况。

有学者发现，专利的引用在公开以后的3—5年达到被引证峰值（Dietmar Harhoff, et al., 1999）。因此，为保证结果的客观性和准确性，以5年为一个时间节点统计三元组的数量，统计截止时间为2013年。由于专利权人数量庞大，三元组的方法涉及的是存在两两互引并形成三角闭环关系的专利权人，技术实力较弱的企业基本无法进入此关系网。结合全球高铁技术发展现状以及高铁制动技术专利检索结果，本节以专利被引证数量排名靠前以及与中国高铁技术引进密切相关的 Hitachi、Mitsubishi、Siemens、GE 和 Toshiba 五大企业为对象，进行三元组的统计。具体操作步骤为：

（1）从5309项专利中选取有被引记录的专利，共计2000项。

（2）以5年为一个周期（1989—1993年，1994—1998年，1999—2003年，2004—2008年，2009—2013年），对五个企业的专利互引情况进行逐个记录。

（3）分别找出与指定的五个企业有专利互引关系的专利权人。

（4）基于专利的前引和后引，构建五个企业之间以及其与其他专利权人之间的引用网络。

（5）描绘如图3-1所示的三元组关系，统计三元组的数量，并绘制三元组分布趋势图，展现全球高铁制动技术的专利分布趋势。

按照上述操作步骤，对 1989—2013 年内五个指定企业及其与其他专利权人之间的专利互引三元组关系进行了统计，得出如下结果。

1989—1993 年，五个企业之间仅有 Hitachi 与 Toshiba 有专利互引关系，没有三角引证关系存在，而 Hitachi 与其他专利权人 Submitomo 之间虽然有互相引证，但是 Submitomo 和 Toshiba 没有专利引证关系，三者之间没有构成三角闭环，因此在这个 5 年期间，三元组的数量为零。

1994—1998 年，五个企业中的 Hitachi、Mitsubishi、Toshiba 和 GE 之间，除了 Mitsubishi 与 GE 之间外，其他任意两方都有专利互引关系，构成了 2 个三元组；此外，能与五个企业构成三元组关系的企业还有 Submitomo，它与 Hitachi、Mitsubishi 和 GE 都存在互引关系，构成 2 个三元组。1994—1998 年的三元组数量共计 4 个（图 5-4）。

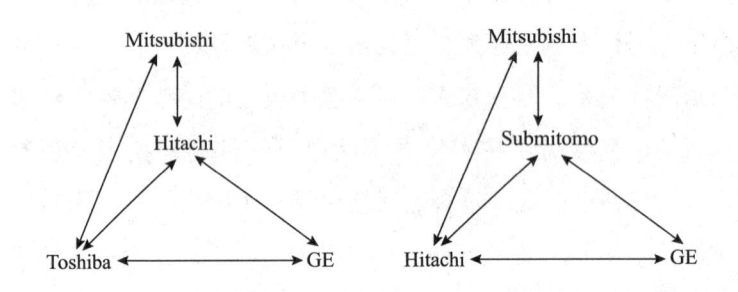

图 5-4　1994—1998 年的三元组数量

资料来源：笔者根据德温特专利数据库检索结果手工计算绘制。

1999—2003 年，五个企业 Hitachi、Mitsubishi、Toshiba、Simens 和 GE 中，除了 Mitsubishi 和 GE 没有构成互引外，其他任意两方都有专利互引关系，构成了 5 个三元组。除此之外，仅有 Submitomo 与五个企业中的 Hitachi、Mitsubishi、Simens 和 GE 之间分别存在互引关系，构成 5 个三元组。1999—2003 年的三元组数量为 10 个（见图 5-5）。

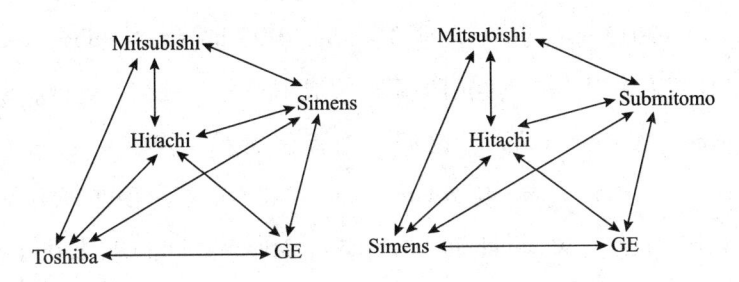

第五章 专利技术分散情境下中国高铁出口专利风险实证分析 | 99

图 5-5 1999—2003 年的三元组数量

资料来源：笔者根据德温特专利数据库检索结果手工计算绘制。

2004—2008 年，五个企业 Hitachi、Mitsubishi、Toshiba、Simens 和 GE 中，除了 Mitsubishi 和 GE 没有构成互引外，其他任意两方都有专利互引关系，构成了 5 个三元组。同时，Knorr 与 Simens、Hitachi 和 GE 之间存在互引关系，构成 4 个三元组；New York Air Brake Corp 与 Knorr、Simens 和 GE 之间存在互引关系，也构成 4 个三元组。2004—2008 年的三元组数量共计 13 个（见图 5-6）。

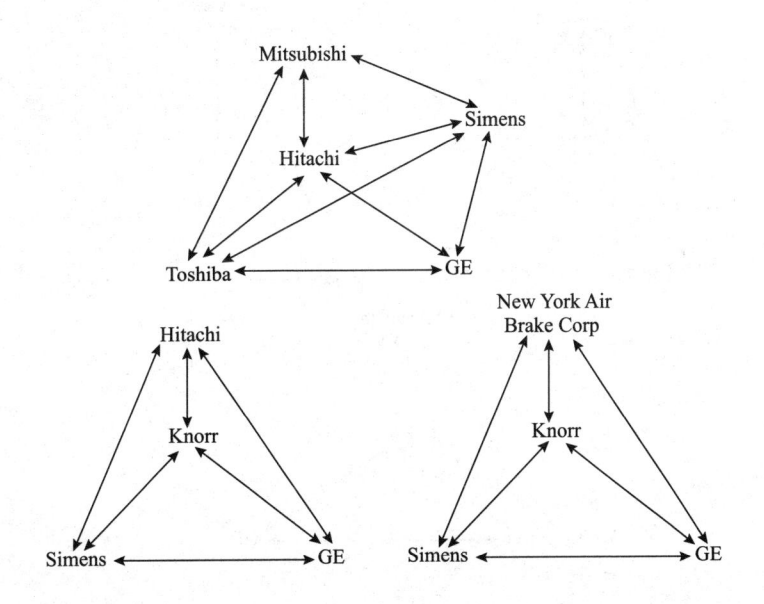

图 5-6 2004—2008 年的三元组数量

资料来源：笔者根据德温特专利数据库检索结果手工计算绘制。

2009—2013 年，五个企业 Hitachi、Mitsubishi、Toshiba、Simens 和 GE 任意两方都有专利互引关系，构成了 6 个三元组。此外，Knorr 与 Simens、Mitsubishi 和 GE 之间存在互引关系，构成 4 个三元组；New York Air Brake Corp 与 Knorr、Simens 和 GE 之间存在互引关系，构成 4 个三元组；Westinghouse 与 Knorr、Mitsubishi 和 GE 之间存在互引关系，构成 4 个三元组。2004—2008 年的三元组数量共计 18 个（见图 5-7）。

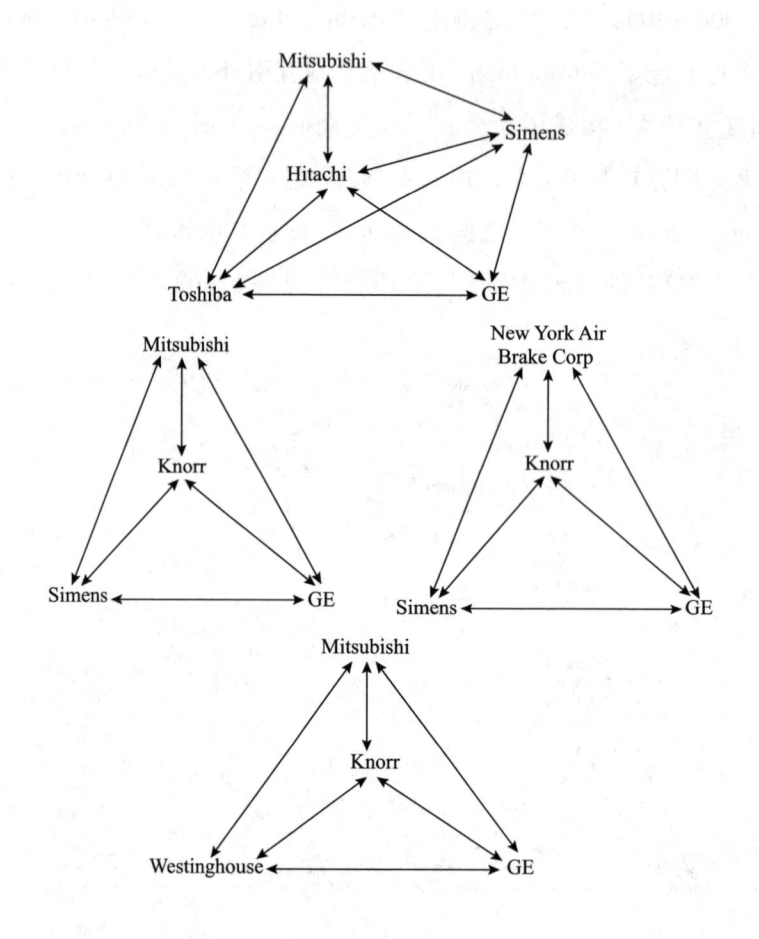

图 5-7　2009—2013 年的三元组数量

资料来源：笔者根据德温特专利数据库检索结果手工计算绘制。

第五章 专利技术分散情境下中国高铁出口专利风险实证分析 | 101

依据上述 5 个时间段的三元组统计结果，制作成全球高铁制动技术专利分布趋势图（见图 5-8）。趋势图显示的三元组数量是保持稳定递增的态势，说明全球高铁制动技术的专利集中度日渐下降，专利的分布趋于分散，这与高铁的总体发展历程是基本相符的。

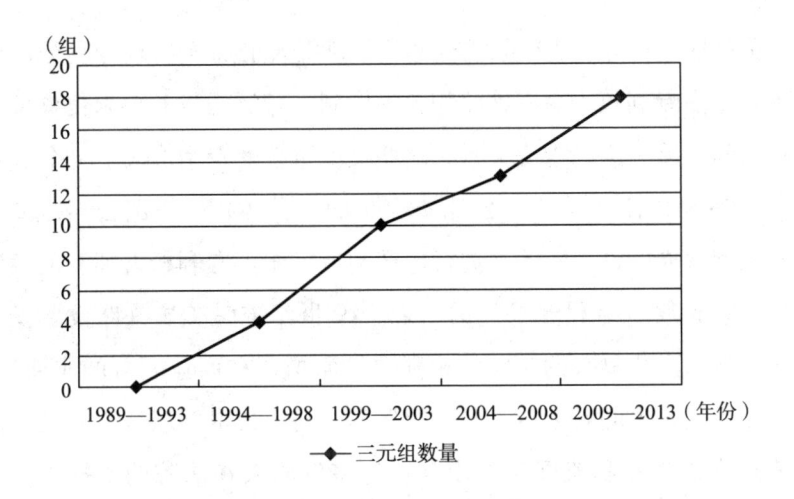

图 5-8 全球高铁制动技术专利集中度趋势

高铁的研发始于 20 世纪 90 年代，当时仅有极少数企业投入研发，企业之间联系较少，这就可以解释 1989—1993 年，高铁制动技术专利引证三元组的数量为零的现象。20 世纪 90 年代以后，德国、意大利、西班牙、英国、美国等发达国家以及亚洲的韩国、中国台湾和中国大陆纷纷掀起高速铁路的研发和建设热潮。1994—1998 年、1999—2003 年、2004—2008 年、2009—2013 年高铁制动技术专利引证三元组的数量由 4 到 10、由 10 到 13、由 13 到 18，不断攀升的过程说明越来越多的企业投入高铁行业，拥有高铁制动技术专利的专利权人逐渐增多，企业之间的专利阻滞关系开始显现。高铁制动技术领域专利集中度日益降低，行业内技术分散日益严重，"专利丛林"现象的出现与"高铁热"这一历史背景也是能互相印证的。

第三节　专利分散对高铁出口的专利风险影响

美国铁路行业在19世纪末就因专利权人增加而出现专利分散的现象。众多专利权人享有铁路相关的专利，宽泛的权利要求使许多专利权之间有着一定的重叠关系，这些交织重叠的专利形成了一个"丛林"。"专利丛林"是"反公地悲剧"的一种体现，铁路公司需要得到各专利权人的许可，才能进行生产制造工作。专利权人拥有的谈判优势容易导致"专利流氓"的出现。19世纪末是美国铁路设备发展迅速、技术变化复杂的时期，专利数量激增，在商业利益的驱使下，许多发明人几乎同时创造了相似的发明。同一技术领域众多专利权的重叠导致了"专利流氓"的出现，许多发明人在法院的支持下，依赖其专利获取了高额的专利许可费。Sayles的双动制动器案件中，Sayles的律师要求Drummond公司支付每年每列车455美元的专利费，总金额达4500万美元[①]。这个金额仅是一个专利权人就一项专利提出的要求，当时这样的专利权人并不少。这个问题的加剧显然会大幅增加美国铁路公司的制造成本，影响其对创新的投入，从而阻碍整个行业的发展。当时美国铁路公司采取了合作的办法对抗侵权诉讼及"专利流氓"行径。在铁路公司的联合抗议下，法院对铁路专利的解释要求有所提高，即专利的权利要求越来越窄，也越来越清楚。

[①] Sayles v. Chicago and NW Ry Co., 21 F. Cas. 600 (1871). The case first came before the federal district court in 1865 and reached the Supreme Court in 1878. Sayles v. Chicago and NW Ry Co., 21 F. Cas. 597 (1865); Railway Company v. Sayles, 99 U. S. 554, 556 – 557 (1878). See also Arguments, 229; and John J. Harrower, History of the Eastern Railroad Association (1905), 23, 29.

可见，过度的专利分散会使打算进入市场的企业面临两个风险，即高昂的专利许可费用以及潜在专利侵权纠纷。专利三角引证网络一方面反映了行业和技术领域内专利的分散程度，另一方面也反映出各企业的技术实力。处在这个网络中的企业，与其他企业有着专利上互引的关系，在一方实施专利时，虽然会被对方专利阻碍的风险，但同时其被引用的专利也是牵制对方的筹码，可以通过交叉许可的方式换取对方专利的实施权。通过本章第二节的分析发现，中国并没有位列其中的企业，没有牵制对手的筹码，在进入特定目标国市场时，实施专利必然束手束脚，极有可能因高昂的专利许可费或陷入专利侵权纠纷而给企业带来损失。

一 专利"敲竹杠"风险

专利数量的激增是一种战略应对，针对发生在复杂技术中的"敲竹杠"的威胁，因为复杂的技术产品依赖于大量专利的组合。一个技术的复杂性意味着由它产生的专利是互补的，如果专利权是分散的，那么必然会出现"敲竹杠"行为（Shapiro，2001；Ziedonis，2004）。Hall（2005a）还表示，专利申请量的激增是由那些主要技术都具复杂性的公司导致的。

一个技术复杂的公司，在技术机会不断增加的情况下，企业会申请较少的专利，如果更多的其他公司争夺专利，那么企业会申请较多的专利。一个技术复杂的公司的战略互动会产生两种结果：较多的技术机会可以减少企业通过大量申请专利保护它们已有技术市场份额的压力，而较大的竞争会增加这种压力。

根据前文的分析，计算了三个或更多的公司申请互相阻碍限制的专利的频率，产生了一个互相阻碍限制（holdup）的三元组。全球高铁技术专利呈现分散趋势，公司之间这种互相阻碍限制的三元组日趋增多，因此在中国高铁技术出口的情况下，日趋面临"敲竹杠"的风险。

假设在高铁这一复杂技术领域中,有 N+1 个企业活跃于这个特定的技术领域。每个企业都可以就一个技术机会中的所有面申请专利保护。一个企业的战略是由其投资的技术机会的数量 $O_k(O_k[0,O])$ 以及每个技术机会中申请专利的面的数量 $f_k(f_k[0,F])$ 组成。下标表示的是不同的公司。每个公司所研究的那些技术机会,其中的每个面只能进行一项专利申请。对每个技术机会中更多的面申请专利还是对更多不同的技术机会申请专利,这是需要权衡的。虽然就附加的面进行专利申请被认为是没有成本的,但是授权专利的维持费(C_a)是需要支付的。此外,企业必须承担每个技术机会上昂贵的研发费用(C_o)。最后,在 Roberts(2004)的文献中,独立研究项目的协调费用(C_c)也被认为是很重要的。简而言之:

(1) 一个企业投资的每个技术机会都面临着研发成本(费用):C_o。

(2) 每个授权专利使企业面临着专利维持费用:C_a。

(3) 对不同技术机会的研发协调产生了协调费 $C_c(O_k)$。

基于以上三点,我们假设 $\dfrac{\partial C_c}{\partial O_k}$。

随着每个技术机会中的面数的增加,不同公司在同一个技术机会上拥有专利的概率也会增加,限制发生的可能性也会增加。然后,企业需要解决所有权纠纷,法律费用(LC)随之产生。这些包括监测费用、许可费用、协商(谈判)费用以及诉讼费用。如上所述,每个技术机会上所占的专利份额越大,解决障碍限制问题的边际成本越低。

假设企业数量 N 是一个常数,企业可以计算出活跃在一个技术机会中的竞争对手的预期数量、获得专利授权的面的预期数量以及获得专利授权的可能性。

一个技术机会中专利申请竞争对手的预期数量（N_O），它取决于技术机会（O）、一个技术领域里所有企业的数量 N 和每个竞争对手的研发投入（O_j）。我们把它表示为：

$$\frac{\partial N_O}{\partial o}<0 \text{ 和} \frac{\partial N_O}{\partial O_j}>0 \qquad (5-5)$$

为了简化符号，我们把每个企业 k 在每个技术机会上的面的份额定义为：$\phi_k \equiv f_k/F$。每个技术机会上被授予专利的预期面数的专利申请程序，可以用简单模型表示为：

$$\widetilde{F}[f_k, f_k, F, N_O(O, O_k, N)] =$$
$$F[1-(1-\phi_k)\prod_{j\neq k,j=1}^{N_O}(1-\phi_j)] \qquad (5-6)$$

其中 f_k、O_k 这两个向量，包含所有对手企业对面数和技术机会数量的投资选择。这个表达式是来自"企业随机选择面，专利局随机选择"这一假设。这个专利申请模型反映了企业协调的失败和重复申请。然后，至少有一个申请人持有的面的份额是没有申请任何专利的面的数量的负数。

$$\frac{\partial \widetilde{F}}{\partial F}>0, \frac{\partial \widetilde{F}}{\partial N_O}>0 \text{ 和} \frac{\partial \widetilde{F}}{\partial f_k}>0, \frac{\partial \widetilde{F}}{\partial f_j}>0 \qquad (5-7)$$

我们假设专利局对每个面授予专利的概率是相同的，但是每个面仅授予一项专利。那么一个面被授予专利权的概率就取决于对每个面进行专利申请的竞争对手的预期数量以及该特定数量竞争对手出现的概率。

$$p_k[f_k, F, N_O(O, O_k, N)] = \sum_{l=0}^{N_O}\frac{1}{l+1}\binom{N_O}{l}\prod_{i=0}^{N_O-l}(1-\phi_i)\prod_{j=N_O-l}^{N_O}\phi_j$$
$$(5-8)$$

这个表达式表示的是一个专利申请最终获得专利授权的概率是一个获得专利授权的加权概率总和。其中：

$$\frac{\partial p_k}{\partial \phi_j}<0 \text{ 和} \frac{\partial p_k}{\partial N_O}<0 \qquad (5-9)$$

最后，限定企业获得授权的预期专利份额 k：$s_k \equiv p_k f_k / F$ 和所涵盖的专利（$\tilde{F}$）：$\mu \equiv \frac{\partial V}{\partial \tilde{F}} \frac{\tilde{F}}{V}$ 相关的技术机会（V）的价值弹性。

通过以上的假设和定义，企业 k 在一个技术领域中的专利申请的期望值可以表示为：

$$\pi_k(o_k, f_k) = o_k [V(\tilde{F})s_k - L(s_k) - C_O - f_k p_k C_a] - C_c(o_k) \quad (5-10)$$

在复杂技术中，复杂性的增加会提高专利申请激励，而技术机会的增加会降低专利申请激励。高铁作为一项复杂技术，其相关企业会随着竞争者的增加而申请越来越多的专利。随着企业获得专利的投入和成本的增加，新的创新主体面临的"敲竹杠"风险也越来越大。

二　不确定性风险

专利分散是指特定技术的专利由众多专利权人分别享有，因此，专利权人的多少是影响专利分散的重要因素。有证据表明，在特定技术上持有大量专利份额的企业可以从它们的专利组合中获益，同时可以减少"敲竹杠"可能性（Peter C. Grindley and David J. Teece, 1997; Ziedonis, 2004）。这要归因于议价能力的提高。随着专利份额的增长，额外的专利还会减少边际法律成本：企业在一个技术机会上的专利份额大就可以少发生交叉许可或诉讼（Lanjouw and Schankerman, 2004）。专利对于企业的技术竞争和市场竞争越来越重要，企业的专利申请意愿越来越强，在技术创新和市场竞争压力下，越来越多的企业就自己所涉技术领域与其他企业之间展开专利竞赛。

在信息不完全条件下，企业的经济活动导致的后果存在不确定性。不确定性是指经济行为者在事先不能准确地知道自己的某种决策的结果，或者说，只要经济行为者的一种决策的可能结果不止一种，就会产生不确定性。在存在不确定性的情况下，如果企业还知道各种可能的结果发生的概率，则可以称这种不确定的情况为风险。

根据冯·诺伊曼摩根斯顿效用函数，在不确定性和风险情况下，期望效用函数为：$E\{U[p;W_1;W_2]\} = pU(W_1) + (1-p)U(W_2)$。期望值的效用为：$U[pW_1 + (1-p)W_2]$。

而对待风险的态度可分为三类：风险回避者、风险中立者和风险爱好者，可以分别表示为：

风险回避者：$U[pW_1 + (1-p)W_2] > E\{U[p;W_1;W_2]\} = pU(W_1) + (1-p)U(W_2)$；

风险中立者：$U[pW_1 + (1-p)W_2] = E\{U[p;W_1;W_2]\} = pU(W_1) + (1-p)U(W_2)$；

风险爱好者：$U[pW_1 + (1-p)W_2] < E\{U[p;W_1;W_2]\} = pU(W_1) + (1-p)U(W_2)$。

根据上一节，企业 k 在一个技术领域中的专利申请的期望值可以表示为：

$$\pi_k(o_k, f_k) = o_k[V(\tilde{F})s_k - L(s_k) - C_O - f_k p_k C_a] - C_c \quad (5-11)$$

高铁企业在出口的情况下，由于高铁技术的复杂性，企业将面临"敲竹杠"的风险，在只考虑一个技术机会的情况下，即 f_k 为一个常数，企业可能面临高铁技术专利诉讼，从而支付专利使用费，所以企业获得的价值将会是：

$$W_2 = \pi_k = V - \sum_{i=1, i \neq k}^{N_O} \pi_i(o_i) \quad (5-12)$$

在没有出现高铁技术专利诉讼的情况下，企业获得的价值是：

$$W_1 = V \quad (5-13)$$

企业面临"敲竹杠"及高铁技术专利诉讼的可能性为 $p\,(frag)$，其中 $frag$ 表示该技术专利分散度。

该企业的期望值为：

$$E = (1-p)W_1 + pW_2 = (1-p)V + p[V - \sum_{i=1, i \neq k}^{N_O} \pi_i(O_i)] \quad (5-14)$$

如果 $p=1$，即企业在高铁技术出口情况下，必然面临"敲竹杠"和诉讼的情况。此时，如果 $W_2 \leq 0$，企业出口高铁技术将出现巨大风险，出现亏损。

第四节　本章小结

本章以高铁九大关键技术之一的高铁制动技术为例，从全球和中国国内两个地域范围对高铁专利分布态势进行了测量和分析，并对专利分散可能引起的高铁出口专利风险进行了简单分析。具体内容从以下几个方面展开。

首先，分三个步骤对国内高铁制动技术的专利分散趋势进行了实证研究，包括研究假设的提出、数据来源与样本描述、假设验证。结合中国高铁的发展历程和现状提出三个假设，即我国高铁制动技术专利的分布状态是先集中后分散的趋势、外国申请人的专利分布较国内申请人更集中、外国企业在我国的专利优势呈下降趋势。以中国知识产权网专利信息服务平台的检索数据为实证分析的数据来源，选取644件授权发明专利为样本。结合帕累托系数、绝对指标测量、首位度法三个专利分散测量方法，分别对三个假设进行验证，结果说明三个假设都是成立的，高铁制动专利在国内呈现逐渐分散的趋势。

其次，利用德温特专利数据库对全球高铁制动专利进行检索，以2000项被引专利为样本，以专利被引证数量排名靠前以及与中国高铁技术引进密切相关的 Hitachi、Mitsubishi、Siemens、GE 和 Toshiba 五大企业为对象，进行专利引证三元组的统计。专利引证三元组数量随着时间的推移不断攀升，说明高铁制动技术领域专利集中度日益降低，行业内技术分散日益严重。

最后，高铁制动技术以小见大地体现了高铁行业技术分布的逐渐分散趋势。专利三角引证网络一方面反映了行业和技术领域内专利的分散程度，另一方面也反映出各企业的技术实力。处在这个网络中的企业，与其他企业有着专利上互引的关系，在一方实施专利时，虽然会有被对方专利阻碍的风险，但同时其被引用的专利也是牵制对方的筹码，可以通过交叉许可的方式换取对方专利的实施权。中国并没有位列其中的企业，没有牵制对手的筹码，在进入特定目标国市场时，极有可能日趋面临专利"敲竹杠"的风险，最终因高昂的专利许可费或陷入专利侵权纠纷给企业带来损失。以企业专利申请活动建立的假设模型和不确定性效用函数分析了专利分散导致的中国高铁出口面临的专利"敲竹杠"和侵权不确定性风险。

第六章 基于 SWOT 模型的中国高铁出口企业专利战略适用

发明专利是实业界及学术界用于衡量企业核心竞争力和创新能力的重要指标，也是企业拥有竞争优势的表现之一。企业战略是企业持续、长效发展的保障，专利战略则是企业战略的重要组成部分，也是企业获取并保持竞争优势的重要工具。第四章、第五章的专利分析在一定程度上揭示了中国高铁企业的技术地位及由此引发的高铁出口潜在专利风险。本章将在上述两章研究结果的基础上，利用 SWOT 模型为中国高铁出口企业专利战略的制定提供一个参考。

第一节 SWOT 模型及其在中国高铁出口专利战略制定中的运用

一 SWOT 模型

SWOT 模型最早由美国旧金山大学韦克里教授于 20 世纪 80 年代提出，它是企业战略制定、竞争对手分析等活动中常用的一种分析方法。所谓 SWOT 模型是一种将企业内外部环境和条件等各方面因素进行综合和概括，分析企业的优势（strength）、劣势（weakness）、面临的机会（opportunity）和威胁（threat）的方法。

利用 SWOT 模型系统分析与企业专利战略制定有关的因素，为企业充分认识、发挥自己的有利因素、回避不利因素提供科学、客观的参考依据。运用 SWOT 模型制定中国高铁出口企业专利战略分为三个步骤：首先，确定影响高铁出口企业专利战略的主要因素；其次，对各项因素进行分析，将其分为优势（S）、劣势（W）、面临的机会（O）和威胁（T）；最后，制作 SWOT 模型，制定相应的专利战略。

二 SWOT 模型下专利战略的模式

专利战略通常被分为三种模式：进攻型专利战略、混合型专利战略及防御型专利战略。SWOT 模型通过两两组合将企业战略分为四种战略模式，包括 ST、SO、WT、WO。结合 SWOT 模型，可以将专利战略中的混合型专利战略分为两种，以攻为主的混合型专利战略和以守为主的混合型专利战略。因此，SWOT 模型下中国高铁出口专利战略可以被分为以下四种模式。

（1）SO 战略模式——进攻型专利战略

SO 战略模式意味着企业同时具有内部竞争优势和较好的外部机会，是企业较好的发展时机。企业在这种条件下，可以采用进攻型专利战略，充分发挥各项有利因素。中国高铁企业可采取的具体策略包括进行新产品的自主研发、实现对外国先进高铁技术的追赶等。

（2）ST 战略模式——以攻为主的混合型专利战略

ST 战略模式意味着从企业内部来说，具有较强的内部实力和竞争优势，但是外部环境不好，企业外部存在一些威胁。此时企业因其良好的技术和资源基础，积极进行专利技术高地的占领，但同时要兼顾避免外部威胁的影响。具体可采取策略包括改进专利的研发和申请、寻求专利的交叉许可或合作等。

（3）WO战略模式——以守为主的混合型战略

WO战略是指企业自身缺乏竞争优势，但是有较好的外部发展机会，市场及技术空白多，企业外部发展空间大。此时企业应充分利用外部机会来改善自身的内部竞争劣势，具体包括积极寻找高铁技术空白、通过技术引进提升自身技术研发能力等。

（4）WT战略模式——防御型专利战略

WT战略说明企业同时存在内部实力较弱及外部威胁的不利因素，此时企业将防守工作作为重点，努力减少两个不利因素对企业的影响。中国高铁出口在此情形下可以采取的专利防御策略包括做好专利情报的检索和收集工作，在不侵权的情况下进行技术仿制、寻求专利合作等。

第二节　中国高铁出口的SWOT分析

一　内部优势（S）

自中国高铁开始自主研发，到引进国外先进技术，实现引进—消化—吸收—再创新的跨越式发展以后，在知识产权特别是专利上取得的成绩是非常显著的。到2008年，我国高铁专利的申请量远远领先于其他所有国家。中国高铁在创新及专利的优势主要表现在以下两个方面。

（一）学习能力

如前所述，中国高铁的自主研发开始较早，但是研发结果未能满足日益膨胀的市场需求。在中国铁路总公司的主导下，开始招标引进国外先进技术。2004—2005年，中国主要列车整车制造企业先后从加拿大庞巴迪、日本川崎重工、法国阿尔斯通和德国西门子引进技术，联合设计生产高速动车组。经过 3—4 年的消化吸收和再创新，自主生产出 CRH 系列动车组。专利数量的增长态势同样展示了这样一个学习过程，2005 年以后中国高铁技术的专利数量开始赶超日本，并于 2008 年开始超越其他所有国家的专利总量。较强的学习能力是中国高铁出口企业获取其专利技术优势的基础。

（二）技术集成能力

我国高铁整车制造企业是国有企业，企业发挥主观能动作用的同时，政府也在整个高速列车行业的发展和创新过程中起到了主导作用。从技术引进到行业发展规划、从资助研发到集中控制市场，政府的政策引导和资金扶持是中国高速列车发展速度远快于其他国家的重要因素。在政府的政策引导和资助下，企业开展产学研合作，集成产业、高校和科研机构及自身的创新能力，促成了中国高铁行业和企业从学习向创造的转变，自主创新能力的提升，保证了新技术或产品的形成并逐步替代传统技术或产品，最终实现高铁的集成创新。

（三）成本优势和规模经济优势

中国高铁在引进日本、德国、法国技术的基础上进行再创新，由于中国巨大的劳动力成本优势，使中国高铁造价远远低于发达国家，形成价格优势。

二　内部劣势（W）

（一）缺乏基础专利

从中国高铁技术的创新历程可以看出，建立在外国引进技术的基础之上的中国高铁处于后发劣势地位。先发展起来的外国先进技术企业，早已就基础专利在目标国家市场进行布局。中国高铁企业在出口目标国家与市场进行专利申请时，必须绕开外国企业在该国的在先专利所包含的技术，只能进行改进或外围专利的申请。中国高铁技术在此限制下，可成功获得专利权的技术在数量上会减少，而且即使获得专利授权，专利权的权利保护范围及专利质量也必定会受到影响。在目标市场缺乏基础及核心专利，将使中国高铁在出口过程中处处受制于人。

（二）核心专利不足

第四章竞争环境、技术依赖性和创新主体技术地位分析的结果显示，中国创新主体在全球高铁专利网络中处于边缘位置。这意味着中国企业在外国市场的专利布局较为薄弱，在出现频次较高的重点技术领域也没有技术优势，较低的专利引证率在一定程度上也说明中国企业没有可制约竞争对手的高质量专利。

（三）专利分布呈分散态势

随着参与高铁研发的主体的增加，拥有相关专利的专利权人增多，专利权利的"碎片化"使得专利技术之间的互补性和依赖性增强，各个专利权利之间容易出现交叉重叠，并互相制约对方的技术实施，进而引起侵权纠纷。

（四）海外专利布局不足

中国作为高铁技术的后发国家，在引进吸收外国技术之后，高铁行业获得了快速的发展。高铁专利数量激增至世界第一是其发展成果的体现，但是其中海外申请率仅有1%，与发达国家企业的20%、70%，甚至90%差距悬殊。在缺乏成熟的专利布局保护的情况下，进入这些重要国家市场，很难规避这些竞争对手的专利。即使规避了其中一个或几个竞争对手的专利，也很有可能落入其他竞争对手的专利权利保护范围以内，发生专利侵权的风险较大。

三 外部机会（O）

（一）国际市场需求增长

如前所述，中国高铁出口的潜在市场增加，国际市场需求不断增长。

(二)"一带一路"倡议的提出

"一带一路"倡议是中国面对深刻变化的国际政治经济形势,于2013 年采取的开拓对外合作开放空间、激发国内经济增长活力的一项重大部署。中国基于高铁优势建构的连接丝绸之路经济带的交通运输网络,将有利于促进国家丝绸之路经济带构想的早日实现。因此,随着 2013 年"一带一路"倡议的提出,中国高铁作为保证战略实施的重大基础设施项目,在世界范围内备受瞩目。这是中国高铁"走出去"的重大机遇。

四 外部威胁(T)

(一)竞争对手的防范与专利布局限制

由前文的分析结果可知,外国企业在国内外范围内进行广泛的专利布局,且掌握着较高质量的专利,这些都是以高额的专利申请和维持成本为代价,因此面对竞争对手,它们的专利维权意愿较高。外国企业倚仗其专利组合和质量优势,使其专利技术累计权利保护范围较大,中国企业在没有成熟的专利布局保护的情况下,进入这些重要国家市场,发生专利侵权的风险较大。

(二)相关知识产权国际协议和条款的威胁

《TRIPs 协议》、美国 301、337 条款使中国产品进入国外,特别是美国市场的难度和专利风险更大。

(三)目标国家政治、人力成本及时间成本等不确定性风险

例如,2006 年,中国铁建与尼日利亚签下了 83 亿美元大单,拟承建从拉各斯至卡诺之间横跨南北全长 1315 千米的铁路。然而不久后随着支持该项目的尼日利亚前总统奥巴桑乔的下台,继任总统亚拉杜瓦对该项目的可执行性提出了质疑,项目不得不暂停。人力成本及时间成本的预算无法按国内的标准进行,导致预算不准,影响高铁出

口过程中项目的切实实施和执行。

第三节 SWOT 矩阵的建立及专利战略分析

结合上述 S、W、O、T 分析，建立矩阵（见表 6-1）。

表 6-1　　　　　中国高铁出口 SWOT 矩阵表

外部环境	内部环境	
	优势（S） 1. 学习能力 2. 技术集成能力 3. 价格优势和规模经济优势	劣势（W） 1. 缺乏基础专利 2. 核心专利不足 3. 专利分布呈分散态势 4. 海外专利布局不足
机会（O） 1. 国际市场需求增加 2. "一带一路"倡议推动	SO 战略——进攻型专利战略 1. 研发可替代技术及新产品，在目标国市场积极进行专利申请（S1，S2，S3，O1） 2. 在"一带一路"沿线国家进行专利布局（S1，S2，O2）	WO 战略——以守为主的混合型战略 1. 积极寻求专利合作，构建专利联盟（W3，O1） 2. 致力于改进专利的申请，创造交叉许可的机会（W1，W2，W4，O1）
威胁（T） 1. 竞争对手的防范与专利布局限制 2. 相关知识产权国际协议和条款的威胁 3. 目标国家政治、人力成本及时间成本等不确定性风险	ST 战略——以攻为主的混合型专利战略 1. 通过专利检索和调查避免落入竞争对手专利保护范围（S1，S2，T1） 2. 建立专利风险预警机制（S3，T2）	WT 战略——防御型专利战略 1. 技术仿制 2. 技术合作

资料来源：笔者自行整理。

结合前文的论述，通过对表 6-1 的分析和梳理可以发现，我国在高铁技术研发初期自身劣势较为明显，外部威胁一直存在，所以初期可以采取的最佳专利战略就是在不侵权的情况下对外国先进技术进行仿制和技术合作。实践结果证明，这一战略为我国高铁进行技术追赶奠定了坚实的技术基础。

中国高铁近年发展迅猛，中国高铁企业具有较强的学习能力、卓越的集成创新能力，但是后发劣势地位带来的缺乏基础专利、核心专利、海外专利布局不足等问题，也使中国高铁走出国门的过程中存在着较大的专利潜在风险。中国高铁"走出去"战略、"一带一路"倡议的提出，为中国高铁出口提供了更多的机会和更广阔的国际市场，然而竞争对手的专利布局和限制等外部威胁也必须谨慎对待。在现实复杂的情形下，中国高铁可采取WO战略，充分利用大好的外部形式，在做好专利防御的基础上，积极拓展新的市场并做好专利布局工作。

第四节　本章小结

专利战略是企业战略的重要组成部分，也是企业获取并保持竞争优势的重要工具。本章根据第四章和第五章的实证分析结果，基于SWOT模型，分析了中国高铁出口过程中的内部优势、内部劣势、外部机会、外部威胁，以及就这些有利和不利因素应适用的专利战略。中国高铁的内部优势包括较强的学习能力、技术集成能力及成本和规模经济优势；内部劣势包括缺乏基础专利、核心专利不足、专利分布呈分散趋势及海外专利申请布局不足；外部机会包括高铁"走出去"战略推动下的国际市场需求增长、"一带一路"倡议的提出；外部威胁包括竞争对手的防范与专利布局限制、相关知识产权国际协议和条款的威胁、目标国家政治、人力成本及时间成本等不确定性风险。

通过对有利因素与不利因素的分析和列举发现，中国高铁发展初期可以采取的最佳专利战略就是在不侵权的情况下对外国先进技术进行仿制和技术合作。随着现实情况复杂性的增加，中国高铁可采取WO战略，充分利用大好的外部形式，在做好专利防御的基础上，积极拓展新的市场并做好专利布局工作。

第七章　应对中国高铁出口专利风险的策略

中国高铁出口专利风险来源的探索对面临激烈国际竞争的中国高铁产业而言有着重要意义。中国高铁企业要在国际市场占据一席之地，除了通过研发创新获取自身技术竞争优势以外，还须正视高铁出口可能面临的专利风险问题，探索专利风险的来源，寻求规避可能发生的专利风险的对策，避免在竞争对手的专利打压下造成企业的损失，以此尽可能为赢得国际市场竞争中的有利地位扫除障碍。

根据前文的分析，对于中国高铁企业而言，高铁专利技术的分散趋势和中国高铁集成创新模式是中国高铁出口专利风险的主要来源。技术创新水平和能力以及合理有效的专利战略是提升企业核心竞争力、抵御竞争对手专利围剿的重要手段。本章将对出口专利风险对中国高铁企业上述两个方面的影响进行分析。专利风险应对策略的制定必须有针对性才能获得预期的效果。本章还将以中国高铁出口专利风险的来源以及出口专利风险对中国高铁企业的影响为基础，提出相应的出口专利风险对策。

第一节　出口专利风险对中国高铁企业的影响

一　出口专利风险对中国高铁企业创新的影响

多元技术领域并行是高铁产业的特点之一，专业化分工是高铁产业技术创新的必然趋势。技术分工愈加细化，专利分散的现象也愈加严重。专利"敲竹杠"或潜在侵权风险会使创新主体陷入继续研发和中断研发两难的境地。如果中断研发，前期的研发成本将彻底沉没；继续研发则有侵权的可能，将面临高额专利许可费或专利侵权赔偿的威胁，同样给企业带来损失。对被侵权方来说，专利风险越高，对其投资创新的技术，企业享有的专有权将越被削弱，由此产生的垄断收益减少，技术跟踪和监督增加，企业的创新动力受挫。

除了上述消极影响，从风险规避的角度看，专利风险对技术创新也有一定的积极影响。第一，专利风险的出现促进了企业之间的合作创新。随着创新难度和风险的加大，创新者们在开始创新研发阶段就不再执着于独立研发，而是选择研发合作伙伴，以此达到分摊研发成本和风险的目的。合作创新通常指企业之间或者企业与科研院所、高校之间的联合协同创新行为（周朝琦，2001）。在专利实施和利用上，专利风险促进了企业之间专利交叉许可和转让等行为的发生。企业之间的技术和专利合作，可以达到取长补短的效果，使企业可以专注发展自己的强势技术领域，提高企业的创新效率。第二，风险意识的增强，促使企业对专利风险所包含的专利信息进行仔细解读和整合，进而准确把握创新外部环境，达到提高研发决策效益的目的。此外，专利风险意识还可以在合作创新的企业之间产生事前调整的效应,以促进创新合作的顺利进行,使创新合作的资源和能力的利用达到最优化。

二 出口专利风险对中国高铁企业专利战略的影响

高铁技术的复杂性决定了它不可能由一个主体完成覆盖其上所有技术的研发和生产,不同的主体为了避免其技术被模仿和侵占,专利保护便成了它们的创新技术重要保护手段之一。从战略层面来看,企业可以将专利作为防护手段,阻止竞争对手侵害其已有技术;也可以将专利作为进攻武器,威慑竞争对手,使其退出市场竞争(Miele,2001)。专利战略是企业为了谋求最佳经济效益,而由多个专利活动或专利行为组合而成的总体性谋划(冯晓青,2007)。对于现代企业来说,专利战略是其实现经营目标的重要手段之一,它与企业的其他经营战略相互配合,贯穿于企业技术开发、技术引进、产品生产和销售的全过程。

学者们通常将专利战略分为进攻型和防御型,进攻型专利战略旨在利用专利的排他性特权削弱竞争对手的竞争能力,占领市场;防御型专利战略则旨在减少其他企业利用专利对本企业的进攻或妨碍,是为改变自身所处的竞争劣势地位而使用的专利战略。面对高铁的技术分散问题和中国高铁在国际市场的专利弱势地位所导致的专利海外布局难度大、专利"敲竹杠"和潜在侵权风险,中国高铁企业在专利战略的制定上,必须利用专利风险中所包含的专利信息,认清其创新成果所处的专利局势。战略类型的选择上,为减少外国企业在国际市场上的在先专利所形成的障碍或威胁,中国高铁企业应侧重防御型专利战略的实施。

第二节　针对中国高铁出口专利风险的建议

本书的第三章从理论角度分析了中国高铁出口专利风险的来源，包括中国高铁技术的集成特性以及高铁专利的分散态势，第四章和第五章从实证角度对中国高铁技术集成创新以及高铁技术的专利分散引起的中国高铁出口专利风险进行了探索。发现上述两个风险来源会导致中国高铁海外专利布局难度大，中国高铁出口存在潜在专利侵权风险、专利"敲竹杠"风险，而这些风险会对中国高铁企业的技术创新以及专利战略产生影响。本节在前文的研究基础上，针对中国高铁出口专利风险来源及其导致的后果，从不同角度提出专利风险的应对策略。针对集成创新下的出口专利风险因素，企业应通过提升创新能力，注重核心技术研发和专利战略的运用，提升其在竞争对手中间的技术地位，扭转自身的竞争环境劣势以及对他人技术的依赖性。针对专利技术分散问题，可以通过专利集中战略的利用以及风险预警机制的建立予以改善。

一　企业积极提升创新能力

政府提供资金和政策支持，企业积极利用外部资源提升创新能力。高速列车作为我国战略新兴产业之一，其高研发制造成本和高技术复杂度，决定它的发展离不开政府的研发资金投入和政策支持。政府是重要的创新驱动。本书的实证研究结果也初步表明，政府的相关政策和措施对高铁制动技术发展具有促进作用。在政府的政策支持和引导下，我国主要企业在获得技术转让和合作机会之后，坚持自主创新，在国内市场赶超了外国专利权人，取代了他们在我国的专利优势。高速列车已经成为我国外交活动中备受瞩目的"名片",这意味着高速铁路将是未来重点发展的产业,它的创新需求将越来越高。政府可以就高速列车产业制定特定的优惠政策,鼓励企业进行自主研发;加大对高校和科研机构的研发投入,引导和促进高铁技术成果的转化。

对于中国高铁企业来说,其在海外市场上处于专利技术弱势地位。如前文所分析,中国政府技术引进和集中协调统筹的相应措施,避免了中国高铁在国内发生专利"敲竹杠"等风险。应利用中国政府提供的政策支持,加大与国内企业、高校和科研机构的技术和专利合作,取他人的技术之长,弥补自身在某些技术领域中的不足,以提升自己的创新效率和技术竞争力。此外,中国政府对高铁行业的资金投入较大,企业可以利用政府的资金资助加大优势技术领域的研发投入,与国内其他企业、高校和科研机构形成技术上的互补,提高国内创新主体之间的创新合作效率和效果,从而在应对外国企业在海外市场上制造的专利障碍和专利风险时,有可以谈判的筹码,达到降低高铁出口专利风险的目的。

二 注重核心技术的研发和专利战略的运用

关注企业核心技术的研发,侧重防御型专利战略的运用。中国高铁产业的发展态势体现了后发国家的技术追赶过程,经历了技术引进、消化、吸收和再创新,中国高铁技术在专利申请数量上远远赶超技术领先国。2008年以后,在国家政策的推动下,高铁产业在中国的发展势头迅猛,在良好的技术前景背后,中国高铁产业也存在需要改善的短板。

首先,政府可以扶持更多的企业成为创新和专利申请主体,使高铁行业中的技术机会得到充分利用,实现技术的最大商业化,获取最大限度的商业利益。从全球高铁技术专利申请量的分析中发现,前

10位的专利申请主体中，中国主体有2位，其中就有1位是西南交通大学。从中国国内专利申请量来看，与多数国家专利申请量排名靠前的主体都是企业不同，中国排名靠前的10位专利申请主体中，有一半是大学和科研机构。虽然高校对于技术的基础研究有着重要作用，为整个行业的技术进步做出了不容忽视的贡献，但是相对于企业来说，高校专利的商业转化率低，不利于技术机会的创造和利用。考虑到中国高铁行业的发展历史及实际情况，政府可以通过促成企业和科研机构的合作创新，促进创新主体的转变和优化，使各创新主体发挥各自的优势，提高技术机会的利用效率。

其次，对于中国高铁企业来说，需要关注核心专利技术的研发创新，改善专利的海外布局。核心专利技术对行业和企业的发展都至关重要，掌握核心专利才能抢占技术制高点。专利家族越庞大，海外申请量越高，意味着技术越核心和关键。本书的研究发现，中国企业乃至整个行业，虽然在专利申请数量上占据绝对优势，但是海外专利申请量极低。这种现象一方面体现了中国与技术先进国家在技术发展阶段和综合实力上的差距，另一方面预示了中国高铁企业走出国门存在较大的专利风险，在一定程度上减少了相关技术机会。立足于高铁行业的长远发展，薄弱的海外专利布局现状必须得到改善。因此，在国家政策激励和资金扶持的共同作用下，企业应把握行业中的潜在技术机会，加大与高校及科研机构之间的产学研合作，努力提高相关技术海外专利申请率，提升专利技术的质量及竞争力，并加强专利技术的商业化运用。

三 利用专利集中战略

利用专利集中战略减少专利分散引起的专利风险。在技术的快速发展过程中，专利权人的数量会不断增加且分散，为防止权利的过度分散，建立一种协调机制以有效地清除某些专利权障碍也是有必要的。专利联盟消除了美国第一个"专利丛林",实际上是一种专利集中的形式。过于分散的专利权导致了"专利丛林"的产生,那么适度地集中这些权利便是解决问题的一种途径。有学者认为"专利丛林"是"专利激增"负面效应的一种表现,这种负面效应一般可以通过专利交叉许可、专利池的集中授权模式以及专利经营公司治理模式进行改善。专利池和专利经营公司的集中治理模式虽然可以在一定程度上消除竞争对手树立的专利障碍,降低交易成本,但是这两种模式都有其弊端。专利池不能完全解决"专利丛林"问题,而专利经营公司的治理模式还有可能产生专利"诉讼爆炸"问题。因此,专利集中战略的实施需要结合行业和企业的实际,综合利用不同的集中模式以提高专利风险治理和应对效率。

笔者认为集中战略可以从两个层面实施,即企业层面和政府层面。从企业层面来说,可以通过合作、许可、收购等方式实现专利的集中。成立专门的专利运营公司也是一种形式,如美国高智发明公司、合理专利交易公司和安全信托联盟。从政府层面来说,政府可以引导专利权人之间进行合作,如政府引导企业建立专利运营基金并鼓励其他专利权人参与、引导高铁行业建立专利联盟及技术标准。政府可以转换角色,把自己变成科技咨询市场中的买方,还可以使一些科研院所获得科技中介功能,促进科技中介机构及服务的市场化,从而起到集中转化专利的效果。适度的专利集中可以弥补单个专利权之间关系的不确定性,降低交易成本,减少专利纠纷和"敲竹杠"风险等问题。

四 建立专利风险预警机制

建立高铁出口专利风险预警机制,尽可能提前防范和避免专利风险的发生。专利风险预警的建立原理是针对专利风险预警目的和对象,跟踪、分析企业、行业和竞争对手的专利信息,在识别专利风险来源的基础上，对专利风险进行预测并进行警患排除（关文彬等，2003）。专利风险的应对策略和专利预警机制的建立都以专利信息分析为基础，但是两者之间有明显的区别。专利风险应对策略是针对专利风险发生之后的减少或避免损失的措施，而专利风险预警的建立则是基于一种事前规避或减少风险的预防思路。专利风险预警的建立意义表现在以下几个方面。

首先，防止企业进行重复研发。避免重复研发是专利风险预警的主要内容之一。研发创新能力是企业核心竞争力的重要体现，企业通过自主研发获取核心专利技术。高铁是由复杂且庞大的技术构成的产品，企业在高铁技术的研发过程中需要投入大量人力、物力和财力，如果进军海外市场时发现有企业在相关技术领域拥有相关专利，将迫使企业调整研发和经营规划，给企业带来巨大的损失。通过专利风险信息的监测进行专利预警，可以提前了解企业即将进入海外市场的技术领域是否已经在目标国家存在相关的专利、企业是否涉及潜在侵权问题等，避免重复研发带来的经济损失。

其次，防止专利侵权现象的发生。企业专利侵权通常包括两种，一种是本企业使用的技术已经被其他企业以专利的形式予以保护，这种侵权一旦被相关企业提起专利诉讼，企业就必须通过支付专利许可使用费或者侵权赔偿解决纠纷，企业也因此遭受重大经济损失。另一种是其他企业未经允许使用本企业的专利技术，侵犯本企业的专利权，如果未能进行有效维权，企业的竞争力将被削弱，市场份额也将被大大侵占。对于走出国内市场的中国高铁企业来说，由于海外专利布局薄弱，第一种侵权现象很容易发生。通过专利预警可以尽可能提前防范专利侵权现象的发生。

最后，明确企业的研发重点。基于专利信息进行专利预警分析，可以掌握竞争对手、潜在竞争对手、合作者和潜在合作者的技术研发状态和专利布局情况。企业可以根据已经掌握的相关技术领域和创新主体的专利情况，结合自身的经营目标，确定研发方向和对象，对研发技术领域进行精准的定位，提高企业的研发和创新效率。

第三节　本章小结

近几年中国高铁专利申请量增长迅速，虽然在数量上占据领先地位，但绝大多数都是在中国范围内进行的专利申请，海外专利申请非常少，为中国高铁出口带来一定的专利风险。本章分析了出口专利风险对中国高铁企业创新和专利战略的影响。针对中国高铁出口专利风险来源及其带来的创新和专利战略两个方面的影响，从四个角度提出专利风险应对策略。具体包括：专利集中战略的利用可以降低专利技术分散带来的出口专利风险；政府提供资金和政策支持，企业积极利用外部资源提升创新能力；关注企业核心技术的研发，侧重防御型专利战略的运用；建立高铁出口专利风险预警机制，尽可能提前防范和避免专利风险的发生。

第八章 结论与展望

中国高铁走出国门符合国家战略规划，同时也是企业的发展需要。中国高铁的快速发展，引起了发达国家对我国高铁知识产权的质疑。中国高铁的技术创新是在前期自主研究基础上，引进并吸收国外技术，最终完成技术的跨越式发展。在引进—消化—吸收—再创新的技术追赶过程中，中国高铁技术的创新表现出了集成性特征。作为后发国家的企业，基于对外来技术的学习和利用而进行的创新是否会使中国高铁企业处于专利劣势地位，进而导致哪些专利风险？随着高铁技术在国内外的兴起，参与高铁研发和制造的企业增加，拥有相关专利的专利权人也越来越多，专利技术是否呈现"碎片化"的分散趋势？专利技术的分散会为中国高铁的出口带来何种专利风险？通过理论分析结合实证考察，本章围绕上述背景和问题，得出如下结论。

（1）中国高铁引进—消化—吸收—再创新的发展路径，使中国高铁企业作为后续技术创新者，相较外国企业高铁技术的在先研发和专利布局优势，存在专利质量相对较低、海外布局不足的问题，在产品出口到在先技术的专利授权国时，容易发生专利侵权风险。高铁作为一种复杂的高科技产品，当它被大量互补性专利所覆盖时，每个专利权人就自己所掌握的专利享有绝对的排他权，但是由于受制于他人基于自己的专利权享有的排他权，对自有专利权无法实施，这一现实完全符合"反公地悲剧"理论所描述的现象。基于这个理论，专利分散现象有引发"敲竹杠"问题以及专利侵权的风险。

（2）通过对中国高铁发展和创新历程的回顾发现，中国高铁在政府的主导下，主要从国际和国内两个层面进行技术的集成创新。对国外技术持引进、学习和追赶的态度，在国内层面则是集合政府、企业、高校和科研院所的资金、技术和知识等要素进行高铁技术研发和产品生产。政府的重要作用体现在政策支持和资金资助上，包括主持国外高铁技术的引进谈判、鼓励中国企业对高铁引进技术的转化和吸收、支持企业及高校科研机构分别或联合组建高铁先进实验室、资助高校和科研机构的高铁基础研发、扶持中国高铁企业的高铁相关技术研发和创新。

（3）基于集成创新理论，综合运用专利技术关联分析、专利引证以及专利组合分析等实证分析方法对中国高铁企业的创新地位进行分析。技术关联分析结果证明了高铁技术的复杂性和互补性。专利组合分析发现，企业之间的依赖性较高，专利技术合作和许可等不可避免。中国企业优势技术领域较少，缺乏与竞争对手相当的专利组合，在寻求专利技术合作或交叉许可等行为时，处于受外国企业制约的劣势地位。专利引证次数和引证率的统计计算结果显示，中国企业有专利使用受他人限制的风险，却没有可限制他人的专利。利用社会网络分析软件对专利引证的统计结果进行了可视化描述，相对于起步较早的外国企业，中国两主体处于网络的边缘位置，技术弱势地位较其他外国企业明显。在外国企业已经占领国际市场的专利制高点以后，中国企业作为后来者进入国际市场，面临专利布局难度大和潜在专利侵权两大专利风险。

（4）为了验证专利分散现象是否存在，本书以高铁制动技术为例，通过实证研究，分别对国内和全球高铁专利的分布态势进行测量，探索在这两个层面是否存在专利分散的问题。运用专利分散测量方法计算得知，高铁制动技术的专利在国内外都呈现分散的趋势。以企业专利申请活动建立的假设模型和不确定性效用函数分析了专利分散导致的中国高铁出口面临的专利"敲竹杠"和侵权不确定性风险。

（5）出口专利风险对中国高铁企业的创新和专利战略都有影响。专利"敲竹杠"或潜在侵权风险会使创新主体陷入继续研发和中断研发两难的境地。同时，专利风险的出现促进了企业之间的合作创新。在专利战略上，为减少外国企业在国际市场上的在先专利所形成的障碍或威胁，中国高铁企业需侧重于防御型专利战略的运用。

（6）基于中国高铁出口专利风险来源及其对中国高铁企业的影响分析，本书从利用专利集中战略、提升企业创新能力、关注核心技术研发及专利战略的运用、建立专利风险预警机制四个角度提出专利风险应对策略。

本书主要针对高铁行业的专利分散现象和中国高铁创新的集成模式，对中国高铁出口的专利风险来源进行了初步研究和分析，并讨论了出口专利风险对中国高铁企业的影响及对策。笔者在研究过程中发现，以下几个方面是可以进行进一步探讨和发展的。

（1）由于高铁领域专利侵权案件较少，在缺乏相关数据的情况下，本书的专利风险分析是从预测的角度进行的初探性研究。未来可以在有数据支撑的情况下，进行验证性研究。

（2）高铁出口专利风险的形成原因有多种，不同的角度可以提炼出不同的风险来源。本书主要从技术角度出发，以专利数据分析为基础，存在一定的局限性。未来可以进一步从经济环境、政治法律制度等角度进行扩展性分析。

（3）高铁出口专利风险是否存在比较成熟和完善的评价方法，需要进一步的挖掘和分析。未来在对高铁出口专利风险进行扩展性分析的基础上，可以设立一系列符合中国高铁企业现状的评价指标，对风险进行评估。

参考文献

[1] 安宁、刘娅：《基于专利引证的我国医药技术领域知识流入》，《研究科技管理研究》2010年第18期。

[2] 曹勇、黄颖：《企业专利诉讼模式与专利战略关联性研究》，《中国科技论坛》2011年第8期。

[3] 陈劲：《从技术引进到自主创新的学习模式》，《科研管理》1994年第2期。

[4] 陈劲：《集成创新的理论模式》，《中国软科学》2002年第12期。

[5] 陈军才：《知识产权对外贸和社会经济发展的实证分析》，《天津商学院学报》2005年第2期。

[6] 邓洁、余翔、崔利刚：《基于组合专利信息的技术竞争情报分析与实证研究》，《情报杂志》2013年第11期。

[7] 丁秀好、宋勇涛：《企业集成创新中知识产权侵权风险成因与防范研究》，《情报杂志》2012年第7期。

[8] 董小君主编：《金融风险预警机制研究》，经济管理出版社2004年版。

[9] 范丽娜：《中国内地专利的空间分布及其影响因素分析》，《北京师范大学学报》（社会科学版）2005年第2期。

［10］范云红：《出口贸易中的专利权风险研究》，硕士学位论文，哈尔滨工业大学，2010 年。

［11］方曙、张娴、肖国华：《专利情报分析方法及应用研究》，《图书情报知识》2007 年第 4 期。

［12］冯灵、余翔、张军荣：《基于专利信息的中国高铁技术机会分析》，《情报杂志》2015 年第 12 期。

［13］冯涛：《贸易中的知识产权壁垒与应对战略》，《江苏大学学报》（社科版）2007 年第 2 期。

［14］冯晓青：《技术创新与知识产权战略及其法律保障体系研究》，《知识产权》1999 年第 4 期。

［15］冯晓青：《企业防御型专利战略研究》，《河南大学学报》（社会科学版）2007 年第 5 期。

［16］顾晓燕：《知识产权保护对发展中国家创新驱动的影响——一个文献研究的视角》，《学术月刊》2014 年第 9 期。

［17］关文彬、谢春华、李春平等：《荒漠化危害预警原理与评价方法》，《北京林业大学学报》2003 年第 3 期。

［18］韩宝明、李学伟主编：《高速铁路概论》，北京交通大学出版社 2008 年版。

［19］何英、黄瑞华：《知识外部性引发的知识产权风险》，《科学学研究》2006 年第 5 期。

［20］侯筱蓉、司有和、吴海燕：《基于引文路径分析的专利技术演进图制作的实证研究——以医学内窥镜专利分析为例》，《情报学报》2008 年第 5 期。

［21］胡水晶：《承接研发离岸外包中知识产权风险研究》，博士学位论文，华中科技大学，2010 年。

［22］黄瑞华、苏世彬：《合作创新中隐性知识转移引发的商业秘密风险主要影响因素分析》，《科研管理》2008 年第 1 期。

［23］黄永兴：《自主创新能力与对外贸易——基于计量经济学的实证分析》，《统计教育》2008年第6期。

［24］黄圆圆、朱东华、任智军等：《对比分析方法在专利情报分析中的应用研究》，《现代图书情报技术》2006年第10期。

［25］金咏锋、唐春：《专利地图对技术创新风险的认知及预测初探》，《西安工程大学学报》2009年第4期。

［26］金泳锋、余翔：《专利风险的特征及其影响研究》，《知识产权》2009年第6期。

［27］经济合作与发展组织（OECD）：《以知识为基础的经济》（修订版），北京：机械工业出版社1997年版。

［28］李慧文：《中国石油和中国石化所属炼化企业专利对比分析》，《石化技术与应用》2004年第6期。

［29］李伟、刘红光：《国外混合动力汽车领域专利引证分析》，《情报杂志》2011年第9期。

［30］李文博、郑文哲：《企业集成创新的动因、内涵及层面研究》，《科学学与科学技术管理》2004年第9期。

［31］林善波：《动态比较优势与复杂产品系统的技术追赶——以我国高铁技术为例》，《科技进步与对策》2011年第14期。

［32］刘凤朝、孙玉涛：《中美发明专利区域分布比较》，《当代财经》2006年第4期。

［33］刘凤朝、杨玲、孙玉涛：《聚集还是分散：中美创新活动区域分布比较》，《科学学研究》2009年第7期。

［34］刘桂锋、王秀红：《基于专利地图的薄膜太阳能领域专利引证分析》，《科技管理研究》2012年第14期。

［35］刘玉琴、彭茂祥：《国内外专利分析工具比较研究》，《情报理论与实践》2012年第9期。

［36］吕一博、康宇航：《基于共现分析的科技监测地图绘制及实证

研究》,《科学学研究》2010 年第 10 期。

[37] 栾春娟、王续琨、刘泽渊:《三星电子公司与华为技术公司专利布局等比较》,《科学管理研究》2008 年第 2 期。

[38] 罗爱静、陈荃:《专利情报分析法挖掘区域优势产业的研究》,《情报理论与实践》2009 年第 11 期。

[39] 罗发友:《中国创新产出的空间分布特征和成因》,《湖南科技大学学报》2004 年第 6 期。

[40] 罗立国、余翔、郑婉婷等:《专利检索网站比较研究》,《情报杂志》2012 年第 3 期。

[41] [美] 克莱顿·克里斯坦森主编:《创新者的窘境:大公司面对突破性技术时引发的失败》,胡建桥译,中信出版社 1997 年版。

[42] [美] 迈克尔·波特主编:《国家竞争优势》,华夏出版社 2003 年版。

[43] 潘颖:《基于专利引证强度的关键技术发展路径研究》,《情报理论与实践》2014 年第 12 期。

[44] 彭爱东:《一种重要竞争情报——专利情报的分析研究》,《情报理论与实践》2000 年第 3 期。

[45] 漆苏:《企业国家化经营的专利风险识别——基于企业行为的实证研究》,《科学学研究》2013 年第 8 期。

[46] 漆苏、朱雪忠、陈沁:《企业自主创新中的专利风险评价研究》,《情报杂志》2009 年第 12 期。

[47] 邱红华、漆芳:《中国轨道交通技术领域专利活动实证分析》,《情报杂志》2012 年第 11 期。

[48] 邵波:《企业竞争与反竞争情报中的专利分析》,《情报科学》2006 年第 3 期。

[49] 孙涛涛、刘芸:《基于专利耦合的企业技术竞争情报分析》,

《科研管理》2011年第9期。

[50] 唐炜：《面向战略决策服务的专利分析指标研究》，博士学位论文，中国科学院研究生院，2006年。

[51] 王敏、李海存、许培扬：《国外专利文本挖掘可视化工具研究》，《图书情报工作》2009年第24期。

[52] 王西京、张克英、张国谨：《知识产权风险对创新绩效影响的实证研究》，《电子知识产权》2008年第7期。

[53] 王一鸣、王君：《关于提高企业自主创新能力的几个问题》，《中国软科学》2005年第7期。

[54] 王毅、吴贵生：《以技术集成为基础的构架创新研究》，《中国软科学》2002年第12期。

[55] 王钰、黄洁：《知识性贸易壁垒对我国出口贸易的影响分析》，《商业研究》2011年第8期。

[56] 魏龙、李丽娟：《技术创新对中国高新技术产品出口影响的实证分析》，《国际贸易问题》2009年第12期。

[57] 吴玲：《企业专利运作风险研究》，硕士学位论文，华中科技大学，2006年。

[58] 吴绍芬、尚勇：《谈科技自主创新的三含义》，《中国高等教育》2005年第8期。

[59] 吴涛：《考虑决策维和风险维的技术创新风险二维分析模型及案例分析》，《科学管理研究》2002年第2期。

[60] 吴新银、刘平：《专利地图研究初探》，《研究与发展管理》2003年第5期。

[61] 武晓岛、于鹏、谢学军：《透过专利看微处理器的技术发展（三）——预译码技术专利引证分析》，《中国集成电路》2009年第3期。

[62] 谢科范：《技术创新风险管理》，河北科学技术出版社1999

年版。

[63] 徐慧、王勤秀:《中国出口贸易的知识产权保护程度分析》,《经济研究导刊》2011 年第 31 期。

[64] 许谨良主编《企业风险管理》,上海财经大学出版社 2000 年版。

[65] 闫威、陈燕、陈林波:《动态联盟知识产权风险评价的理论分析与案例研究》,《科技进步与对策》2009 年第 15 期。

[66] 杨林村、杨擎:《集成创新的知识产权管理》,《中国软科学》2002 年第 12 期。

[67] 余道先、刘海云:《我国自主创新能力对出口贸易的影响研究》,《国际贸易问题》2008 年第 3 期。

[68] 袁祥珠:《知识产权制度在科技创新中的作用机制》,《研究与发展管理》2003 年第 1 期。

[69] 袁晓东、陈静:《专利信息分析在技术创新合作伙伴选择中的应用》,《情报杂志》2011 年第 8 期。

[70] 袁晓东、孟奇勋:《开放式创新条件下的专利集中战略研究》,《科研管理》2010 年第 5 期。

[71] 袁晓东、孟奇勋:《专利集中战略:一种新的战略类型》,《中国科技论坛》2011 年第 3 期。

[72] 袁晓东、戚昌文:《技术创新需要知识产权制度》,《研究与发展管理》2002 年第 2 期。

[73] 张华盛、薛澜:《技术创新管理新范式:集成创新》,《中国软科学》2002 年第 12 期。

[74] 张军荣、袁晓东:《技术创新"范式"之争》,《科学学研究》2013 年第 11 期。

[75] 张克英、黄瑞华、汪忠:《基于合作创新的知识产权风险因素影响分析——理论分析框架》,《管理评论》2006 年第 5 期。

[76] 张亮、刁德霖：《实施科技兴贸战略发展高新技术产品出口》，《商业研究》2004年第3期。

[77] 张威、崔卫杰：《中国高新技术产品贸易发展现状、形势与展望》，《国际贸易》2011年第9期。

[78] 郑玉琳：《发达国家的知识产权壁垒与中国的外贸发展》，《经济问题探索》2008年第1期。

[79] 周朝琦、侯龙文：《企业创新经营战略》，经济管理出版社2001年版。

[80] 周寄中、张黎、汤超颖：《关于自主创新与知识产权之间的联动》，《管理评论》2005年第11期。

[81] 周婷、文禹衡：《专利引证视角下虚拟化技术竞争态势》，《图书情报工作》2015年第10期。

[82] 朱雪忠、万小丽：《竞争力视角下的专利质量研究》，《知识产权》2009年第4期。

[83] 朱雪忠、詹映、蒋逊明：《技术标准下的专利池对我国自主创新的影响研究》，《科研管理》2007年第2期。

[84] 朱雪忠、郑旋律：《专利审查高速路对后续申请国技术创新的影响机制研究》，《情报杂志》2013年第1期。

[85] 邹薇：《知识产权保护的经济学分析》，《世界经济》2002年第2期。

[86] Abraham B., Morita S., "Innovation Assessment through Patent Analysis", *Technovation*, Vol. 21, No. 4, 2001, pp. 245–252.

[87] Adam B. Jaffe, "Real Effects of Academic Research", *The American Economic Review*, Vol. 79, No. 5, 1989, pp. 957–970.

[88] Agrawal R., Imilienski T., Swami A, "Mining Association Rules between Sets of Items in Large Databases", *SIGMOD 93 Proceedings of the 1993 ACM SIGMOD International Conference on Management of*

Data, 1993, pp. 207 – 216.

[89] Albert G. Z. Hu, Adam B. Jaffe, "Patent Citations and International Knowledge Flow: the Cases of Korea and Taiwan", *International Journal of Industrial Organizaion*, Vol. 21, No. 6, 2003, pp. 849 – 880.

[90] Bailon Morenor, "Analysis of the Field of Physical Chemistry of Surfactants With the Unified Scientometric Mode. Fit of Relational and Activity Indicators", *Scientometrics*, Vol. 63, No. 2, 2005, pp. 259 – 276.

[91] Behles D., "The New Race: Speeding up Climate Change Innovation", *North Carolina Journal of Law & Technology*, Vol. 11, No. 1, 2009, p. 1.

[92] Bergmann Isumo, Butzke Daniel, Walter Lothar, et al., "Evaluating the Risk of Patent Infringement by Means of Semantic Paten Analysis: the Case of DNA Chips", *R&D Management*, Vol. 38, No. 5, 2008, p. 550.

[93] Bessen J., Meurer M. J., *Patent Failure: How Judges, Bureaucrats, and Lawyers Put Innovators at Risk*. Princeton: Princeton University Press, 2008, pp. 79 – 90.

[94] Breitzman A., Thomas P., "Using Patent Citation to Target/Value M&A Candidates", *Research Technology Management*, No. 45, 2002, pp. 28 – 36.

[95] Brenda Sandburg, *You May not have a Choice. Trolling for Dollars.* The Recorder, July 30, 2001.

[96] Bronwyn H. Hall, Rosemarie Ham Ziedonis, "An Empirical Analysis of Patent Litigation in the Semiconductor Industry", *University of California at Berkeley working paper*, 2007.

[97] Bronwyn H. Hall, Rosemarie Ham Ziedonis, "The Patent Paradox

Revisited: An Empirical Study of Patenting in the U. S. Semiconductor Industry, 1979 – 1995", *The RAND Journal of Economics*, Vol. 32, No. 1, 2001, pp. 101 – 128.

[98] Carl Shapiro, "Navigating the Patent Thicket: Cross Licenses, Patent Pools and Standard – Setting", *Innovation Policy and the Economy*, Vol. 1, No. 1, 2001, pp. 119 – 150.

[99] Chen Yongmin, Puttitanun, Thitima, "Intellectual Property Rights and Innovation in Developing Countries", *Journal of Development Economics*, Vol. 78, No. 2, 2005, pp. 474 – 493.

[100] Chesbrough, Henry, *Open Innovation: The New Imperative for Creating and Profiting from Technology*, Harvard Business School Press, Boston, MA, 2003.

[101] Chihiro Watanabe, Youichirou S. Tsuji, Y. Charla Griffy – Brown, "Patent Statistics: Deciphering A 'Real' Versus A 'Pseudo' Proxy of Innovation", *Technovation*, Vol. 21, No. 12, 2001, pp. 783 – 790.

[102] Cieri R. M., Morgan M., "Licensing Intellectual Property and Technology from the Financially – Troubled or Startup Company", *The Business Lawyer*, Vol. 55, N. 4, 2000, p. 16.

[103] Clarkson G., *Objective Indentification of Patent Thickets: A Network Analytic Approach*, Havard Business School Doctoral Thesis, 2004.

[104] Cooper D. F., Chapman C. B., *Risk Analysis for Large Projects: Models, Methods and Cases*, Chichester: Wiley, 1987.

[105] Corbin R. M., "Managing Risk and Protecting Intellectual Property", *Ivey Business Journal*, Vol. 66, No. 3, pp. 11 – 13.

[106] Daft R. L., "A Dual – core Model of Organizational Innovation", *Academy of Management Journal*, Vol. 21, No. 2, 1978, pp. 193 – 210.

[107] Dietmar Harhoff, Francis Narin, F. M. Scherer, Katrin Vopel, "Citation Frequency and the Value of Patented Inventions", *The Review of Economics and Statistics*, Vol. 81, No. 3, 1999, pp. 511–515.

[108] Dolfsma W., Seo D. B., "Government Policy and Technological Innovation—A Suggested Typology", *Technovation*, Vol. 33, 2013, pp. 173–179.

[109] Donald Stevenson Watson and Mary A. Holman, "The Concentration of Patent Ownership in Corporations", *The Journal of Industrial Economics*, Vol. 18, No. 2, pp. 112–117.

[110] Edwin L-C Lai, "International Intellectual Property Rights Protection and the Rate of Product Innovation", *Journal of Development Economics*, Vol. 55, No. 1, 1998, pp. 133–153.

[111] Eleftherios Sapsalis, Buro van Pottelsberghe de la Potterie, Ran Navon, "Academic versus Industry Patenting: An In-depth Analysis of What Determines Patent Value", *Research Policy*, Vol. 35, No. 10, 2006, pp. 1631–1645.

[112] Ernst H., Legler S., Lichtenthaler U., "Determinants of Patent value: Insights from a Simulation Analysis", *Technological Forecasting & Social Change*, Vol. 77, No. 1, 2010, pp. 1–19.

[113] Ernst H., "Patent Applications and Subsequent Changes of Performance: Evidence from Time-series Cross-section Analyses on the Firm Level", *Research Policy*, Vol. 30, No. 1, 2001, pp. 143–157.

[114] Ernst H., "Patent Information for Strategic Technology Management", *World Patent Information*, Vol. 25, No. 3, 2003, pp. 233–242.

[115] Ernst H., "Patent Portfolios for Strategic R&D Planning", *Journal*

of *Engineering and Technology Management*, Vol. 15, No. 4, 1998, pp. 279 – 308.

[116] Fitzgerald M. , "At Risk Offshore: U. S Companies Outsourcing Their Software Development Offshore can Get Stung by Industrial Espionage and Poor Intellectual Property Safeguard", *CIO*, Vol. 17, No. 4, 2003, p. 1.

[117] Freeman C. , Loua F. , *As Times Goes By. From the Industrial Revolutions to the Information Revolution*, Oxford: Oxford University Press, 2001.

[118] Freeman C. , *The Economics of Hope*, Pinter Publishers, New York, USA, 1992.

[119] Georg von Graevenitz, Stefan Wagnery, Dietmar Harhoffz, "How to Measure Patent Thickets—A Novel Approach", *Economics Letters*, Vol. 111, 2011, pp. 6 – 9.

[120] Georg von Graevenitz, Stefan Wagnery, Dietmar Harhoffz, "Incidence and Growth of Patent Thickets—The Impact of Technological Opportunities and Complexity", *The Journal of Industrial Economics*, Vol. 61, No. 3, 2013, pp. 1 – 45.

[121] Gloor P. , *Swarm Creativity*, Oxford University Press, 2006.

[122] Guellec D. , van Pottelsberghe de la Potterie, B, "Applications. Grants and the Value of Patent", *Economic Letter*, Vol. 69, 2000, pp. 109 – 114.

[123] G. Von Graevenitz, S. Wagner, D. Harhoff, "Incidence and Growth of Patent Thickets—The Impact of Technological Opportunities and Complexity", *The Journal of Industrial Economics*, Vol. 61, No. 3, 2013, pp. 1 – 45.

[124] G. Von Graevenitz, S. Wagner, K. Hoisl, et al. , *The Strategic*

Use of Patents and its Implications for Enterprise and Competition Policies, Report for the European Commission, 2007.

[125] Hall B. H., "Exploring the Patent Explosion". The Journal of Technology Transfer, 2005, Vol. 30, No, 1 – 2: pp. 35 – 48.

[126] Hall B. H., Helmers C, *Innovation and Diffusion of Clean/Green Technology: Can Patent Commons Help?* WP Berkeley Center for Law and Technology, California, 2011.

[127] Hall B. H., Jaffe A., Trajtenberg M, "Market Value and Patent Citations", *The RAND Journal of Economics*, Vol. 36, 2005, pp. 16 – 38.

[128] Hall B. H., Ziedonis R. H., "The Patent Paradox Revisited: An Empirical Study of Patenting in the U. S. Semiconductor Industry, 1979 – 1995", *Rand Journal of Economics*, Vol. 32, No, 1, 2001, pp. 101 – 128.

[129] Hanel P., "Intellectual Property Rights Business Management Practices: A Survey of Literature", *Technovation*, Vol. 26, No. 8, 2006, pp. 895 – 931.

[130] Harhoff D., Scherer F., Vopel K, "Citations, Family Size, Opposition and the Value of Patent Rights", *Research Policy*, Vol. 32, 2003, pp. 1343 – 1346.

[131] Henderson R., Jaffe A. B., Trajtenberg M., "Universities As a Source of Commercial Technology: A Detailed Analysis of University Patenting, 1965 – 1988", *Review of Economics and Statistics*, Vol. 80, 1998, pp. 119 – 127.

[132] Hobday M, *Innovation in East Asia: The Challenge to Japan*, Cheltenham: Edward Elgar Publishing, 1995.

[133] Hung S., Wang A, *A Small World in the Patent Citation Network*,

Industrial Engineering and Engineering, 2008, pp. 1 – 5.

[134] Iain M. Cockburn, Megan J. MacGarvie, Elisabeth Muller, "Patent thickets, Licensing and Innovative Performance", *Industrial and Corporate Change*, Vol. 19, No. 3, 2010, pp. 899 – 925.

[135] Inoue H., Souma W., Tamada S., "Spatial Characteristics of Joint Application Networks in Japanese Patents", *Physica*, Vol. 383, 2007, pp. 152 – 157.

[136] Jean O. Lanjouw, Mark Schankerman, "Protecting Intellectual Property Rights: Are Small Firms Handicapped", *The Journal of Law & Economics*, Vol. 47, No. 1, 2004, pp. 45 – 74.

[137] John R. Allison, Emerson H. Tiller, "The Business Method Patent Myth", *Berkeley Technology Law Journal*, Vol. 18, No. 4, 2003, pp. 987 – 1084.

[138] John R. Allison, Mark A. Lemely, Kimberly A. Moore and R Derek Trunkey, "Valuable Patents", *Georgetown Law Journal*, Vol. 92, No. 1, 2004, pp. 435.

[139] Knight K., "A Descriptive Model of the Intra – firm Innovation Process", *Journalof Business*, No. 40, 1967, pp. 478 – 496.

[140] Kogut B., Zander U., "Kowledge of the Firm, Combinative Capabilities, and the Replication of Technology", *Organization Science*, Vol. 3, No. 3, 1992, pp. 383 – 397.

[141] Kortum S., Lerner J., "Stronger Protection or Technological Revolution: What is behind the Recent Surge in Patenting?" *Carnegie – Rochester Conference Series on Public Policy*, Vol. 48, 1998, pp. 247 – 304.

[142] Lall Sanjayaa, "Indicators of the Relative Importance of IPRs in Developing Countries", *Research Policy*, Vol. 32, No. 9, 2003,

pp. 1657 – 1680.

[143] Lane E., "Keeping the LEDs on and the Electric Motors Running: Clean Tech in Court after Ebay", *Duke Law & Technology Review*, Vol. 13, 2010, pp. 1 – 30.

[144] Lee K., Lim C., "Technological Regimes, Catch – up and Leapfrogging: Findings from the Korean Industries", *Research Policy*, Vol. 30, 2001, pp. 459 – 483.

[145] Lee S., Yoon B., Park Y., "An Approach to Discovering New Technology Opportunities: Keyword – based Patent Map Approach", *Technovation*, Vol. 29, No. 6, 2009, pp. 481 – 497.

[146] Lei Yang, Keith E. Maskus, "Intellectual Property Rights, Technology Transfer and Exports in Developing Countries", *Journal of Development Economics*, Vol. 81, No. 12, 2008, pp. 321 – 337.

[147] Lewis J. I., Wiser R. H., "Fostering a Renewable Energy Technology Industry: An International Comparison of Wind Industry Policy Support Mechanisms", *Energy Policy*, Vol. 35, 2007, pp. 1844 – 1857.

[148] Li – jun Liu, Cong Cao, Min Song, "China's Agricultural Patents: How Has Their Value Changed Amid Recent Patent Boom?" *Technological Forecasting & Social Change*, Vol. 88, 2014, pp. 106 – 121.

[149] Liu S., Shyu J., "Strategic Planning for Technology Development with Patent Analysis", *International Journal of Technology Management*, Vol. 13, No. 5 – 6, 1997, pp. 661 – 680.

[150] Lobo J., Strumsky D., "Metropolitan Patenting, Inventor Agglomeration and Social Networks: A Tale of Two Effects", *Journal of Urban Economics*, No. 63, 2008, pp. 871 – 884.

[151] Lochner S. J., "Risk – Minimization Strategies in Licensing Intellectual Property from Entities that are, or Might Become, Financially

Troubled", *Intellectual Property & Technology Law Journal*, Vol. 14, No. 6, 2002, pp. 7 – 11.

[152] Manuel Trajtenberg, Rebecca Henderson, Adam Jaffe, "University Versus Corporate Patents: A Window On The Basicness Of Invention", *Economics of Innovation and New Technology*, Vol. 5, No. 1, 1997, pp. 19 – 50.

[153] March J. G., "Exploration and Exploitation in Organization Learning", *Organization Science*, Vol. 2, No. 1, 1991, pp. 71 – 87.

[154] Markus Reitzig, Joachim Henkel, Chiristopher Heath, "On Sharks, Trolls, and Their Patent Prey—Unrealistic Damage Awards and Firms" Strategies of "Being Infringed", *Research Policy*, Vol. 36, No. 1, 2007, pp. 134 – 154.

[155] Mclnerney M., "Tacit Knowledge Transfer with Patent Law: Exploring Clean Technology Transfers", *Fordham Intellectual Property, Media and Entertainment Law Journal*, No. 21, 2011, pp. 449 – 495.

[156] Merges R. PP., Menell PP. S., *Intellectual Property in the New Technological Age*, New York: Aspen Law & Business, 1997, pp. 124 – 130.

[157] Michael A. Heller, Rebecca S. Eisenberg, "Can Patents Deter Innovation? The Anticommons in Biomedical Research", *Science*, Vol. 280, No. 1, 1998, pp. 698 – 701.

[158] Michael A. Heller, "The Tragedy of the Anticommons: Property in the Transition from Marx to Markets", *Harvard Law Review*, Vol. 111, No. 3, 1998, pp. 621 – 688.

[159] Michael K. Fung, William W. Chow, "Measuring the Intensity of Knowledge Flow with Patent Statistics", *Economic Letters*, Vol. 74, No. 3, 2002, pp. 353 – 358.

[160] Michelman F. I., "Property, Utility and Fairness: Comments on the Ethical Foundations of Just Compensation Law", *Harvard Law Review*, No. 80, 1982, pp. 1165.

[161] Miele A. L, *Patent Strategy—the Manager's Guide to Profiting from Patent Profolios*, New York: John Wiley & Sons, Inc., 2000.

[162] Ming-Yeu Wang, Tzu-Fu Chiu, Wei-Ying Chen, "Exploring Potential R&D Collaborators Based on Patent Portfolio Analysis: The Case of Biosensors", *Management of Engineering and Technology*, 2009, pp. 322-330.

[163] Mohammed Rafiquzzaman, "The Impact of Patent Rights on International Rrade: Evidence from Canada", *Canadian Journal of Economics*, Vol. 35, No. 2, 2002, pp. 307-330.

[164] Narin F., "Patent Bibliometrics", *Scientometrics*, Vol. 30, No. 1, 1994, pp. 147-155.

[165] OECD: Patents and Innovation: Trends and Policy Challenges. http://www.oecd.org/dataoecd/48/12/24508541.pdf, 2004.

[166] Park Y., Yoon B., Lee S., "The Idiosyncrasy and Dynamism of Technological Innovation across Industries: Patent Citation Analysis", *Technology in Society*, Vol. 27, No. 4, 2005, pp. 471-485.

[167] Patricia Higino Schneider, "International Trade, Economic Growth and Intellectual Property Rights: A Panel Data Study of Developed and Developing Countries", *Journal of Development Economics*, Vol. 78, No. 2, 2005, pp. 529-547.

[168] Peiming Wang, Iain M. Cockburn, Martin L., "Puterman. Analysis of Patent Data—A Mixed-Poisson-Regression-Model Approach", *Journal of Business & Economic Statistics*, Vol. 16, No. 1, 1998, pp. 27-41.

[169] Peter C. Grindley, David J. Teece, "Managing Intellectual Capital: Licensing and Cross – Licensing in Semiconductors and Electronics", *California Management Review*, Vol. 39, No. 2, 1997, pp. 8 – 41.

[170] Rebecca S. Eisenberg, "Patenting the Human Genome", *Emory Law Journal*, No. 39, 1990, pp. 721 – 745.

[171] Renn O., "*Concept of Risk: A Classification*" in: Krimsky S and Golding D. *Social Theories of Risk*, London: Praeger, 1992.

[172] Richard Razgaitis, *Valuation and Pricing of Technology—based Intellectual Property*, John Wiley, 2003, pp. 137 – 143.

[173] Richard S., "Campbell. Patent Trends as A Technological Forecasting Tool", *World Patent Information*, Vol. 5, No. 3, 1983, pp. 137 – 143.

[174] Roberts J., *The Modern Firm*, Oxford University Press, 2004.

[175] Rosemarie Ham Ziedonis, "Don't Fence Me in: Fragmented Markets for Technology and the Patent Acquisition Strategies of Firms", *Management Science*, Vol. 50, No. 6, 2004, pp. 804 – 820.

[176] Rui Baptista, Peter Swann, "Do Firms in Clusters Innovate More?" *Research Policy*, No. 27, 1998, pp. 525 – 540.

[177] Samuel Kortum, Josh Lerner, "Stronger protection or technological revolution: what is behind the recent surge in patenting?" *Carnegie – Rochester Conference Series on Public Policy*, Vol. 48, 1998, pp. 247 – 304.

[178] Schmosh U., "Evaluation of Technology Strategies of Companies by Means of MDS Maps", *International Journal of Technology Management*, No. 10, 1995, pp. 426 – 427.

[179] Sun Y., "Determinants of Foreign Patents in China", *World Patent Information*, Vol. 25, 2003, pp. 27 – 37.

[180] TERI. *Emerging Asia Contribution on Issues of Technology for Copen-*

hagen, Reported by the Energy and Resources Institute, 2008.

[181] Tugrul U. Daim, Guillermo Rueda, Hilary Martin, et al., "Forecasting Emerging Technologies: Use of Bibliometrics and Patent Analysis", *Technological Forecasting & Social Change*, VoL. 73, No. 8, 2006, pp. 981 – 1012.

[182] Turner J. R., *The Handbook of Project—based Management*, Maidenhead: McGraw – Hill, 1992.

[183] UIC. General Definitions of Highspeed [EB/OL]. [08 – 06 – 05]. http://www.uic.org/.

[184] Up Lim, "The Spatial Distribution of Innovative Activity in U. S. Metropolitan Areas: Evidence from Patent Data", *Journal of Regional Analysis and Policy*, Vol. 33, No. 2, 2003, pp. 97 – 126.

[185] Van Pottelsberghe de la Potterie B., van Zeebroeck N., "A Brief History of Space and Time: the Scope – year Index as a Patent Value Indicator Based on Families and Renewals", *Scientometrics*, Vol. 75, 2008, pp. 319 – 338.

[186] Watal J., *Achieving Objectives of Multilateral Environmental Agreements: A Package of Trade Measures and Positive Measures*, United Nations Conference on Trade and Development, 2007.

[187] Willett A. H., *The Economic Theory of Risk and Insurance*, University of Pennylvania Press, 1951.

[188] Williams C., Heins R. M., *Risk Management and Insurance*, New York: McGraw – Hill, 1964, p. 624.

[189] WIPO. Patent Map With Exercises (Related). WIPO – MOST Intermediate Training Course on Practical Intellectual Property Issues in Business, 2006, Theme 16.

[190] Yoon J., Choi S., Kim K., "Invention Property – function Net-

work Analysis of Patents: A Case of Silicon—based Thin Film Solar Cells", *Scientometrics*, Vol. 86, No. 3, 2011, pp. 687 – 703.

[191] Ziedonis R. H., "Don't Fence Me In: Fragmented Markets for Technology and the Patent Acquisition Strategies of Firms", *Management Science*, Vol. 50, No. 6, 2004, pp. 804 – 820.